JN232683

Japan Case Bank
Management cases Vol.1

管理する

ジャパンケースバンク マネジメントケース集 第1巻

吉田優治・中村秋生【著】

東京 白桃書房 神田

読者の皆さんへ

1．マネジメント教育の必要性

　マネジメントにかかわる人々は，経営・管理の諸問題について意思決定し，それを実行することを迫られている。それは経営戦略の策定に関することである場合もあれば，組織構造や人事制度の見直しだったり，みずからのリーダーシップのあり方や経営倫理に関することなど多岐にわたっている。彼らの意思決定とその実行にあたり，成功するための唯一絶対の方程式があるわけではないから，彼らは嵐の大海原に漕ぎ出した小船のごとく，進むべき方向性を求めて悩みしばしば立往生する。そうした場合にも彼らは意思決定し，それを実行することが迫られている。しかし，彼らが自信をもって意思決定し，実行したものであっても，組織内外からの厳しい批判の対象になったり，期待したほどの成果をあげられないこともある。

2．「教育の場」と「仕事の場」におけるマネジメント教育

　そうしたマネジメントにかかわる人々の育成は，20世紀初頭に米国で相次いで創設された経営大学院（ビジネススクール），経営学部さらには企業の「教育の場」においてさまざまな形態，教育内容・方法によって行われてきた。しかし，人材の育成は基本的に仕事を通じて行われるべきものであり，「仕事の場」から離れて行われる教育は意味がないと主張する人々もいるが，われわれはそう考えてはいない。われわれは「仕事の場」および「教育の場」での人材育成が相互補完の関係にあると考えている。マネジメントにかかわる人々にとって「仕事の場」での学習だけでは仕事の場を越える知識や発想を学び得ることは難しく，経験の範囲内における意思決定とその実行に陥りやすい。一方，「教育の場」での学習は，「仕事の場」を越えた知識や発想を学ぶことができるかもしれないが，実務家はそれらを「仕事の場」で生かさなければ意味がない。したがって両者は表裏一体のものであり，それぞ

れの場でどのような教育を行い，何を学習させるのかを考えなければならないだろう。

3．ケースメソッドとマネジメントケース

　本書は，そうした基本的理解に基づき，「教育の場」で行われるケースメソッドで使用するマネジメントケースを収録したものである。われわれはこれまで協働して約70編あまりのケースを執筆・開発してきた。それらはこれまでにケース集，およびテクスト（リーディングスとケース）として出版され，大学や企業の「教育の場」で使用されてきた。本書は，これまで使用し教育効果が高いと考えられるケースに一部修正を加え，さらに新たに執筆・開発したケースを含めてマネジメントケース集として出版することにした。われわれは近年の経営環境を意識したケース開発に努力しているが，ケースの中には10年以上前に開発されたケースもある。しかし，だからといってマネジメントを学ぶのに不適当であるということはない。いつの時代であっても，組織におけるマネジメントの基本的機能は不変であるからである。ハーバードビジネススクールで使用されるケースのなかにも30年，40年以上前に開発されたケースもたくさんある。

4．ケースメソッドのプロセス

　ケースメソッドとは，ケースという教材を中心に受講者とケースインストラクターが一つのシステムとして連動することによって機能する教育方法であり，教育効果を収めるためには，①教材としてのケースが開発されなければならないし，②受講者はケース分析を行い，ケース討論に積極的に参加しなければならない。加えて③インストラクターも「学びながら」，「質問・聴取・応答」という一連の活動からなる討論リーダーシップを磨かねばならない。坂井正廣（青山学院大学名誉教授）によればケースメソッドは，基本的に次のように進められる。

1．ケース全体を読み，そこでの中核的問題，主人公たち，および関連する事実と人々に関する事実を確認する作業（問題の発見と分析）を行う。
2．ケースを丹念に分析し，今，ここで，誰が，何を解決しなければならないのかという問題設定（分析と問題確認）を行う。
3．その問題に対してどのような解決案が考えられるか，そしてどの解決案を提示するかを決定（意思決定）する。
4．それぞれが，自分の提示した解決案とその選択理由について述べ，討論する。
5．以上の段階においては，できる限り，ケースのなかに発見できる事実といくつかの事実に基づく推論に基礎をおいて作業がなされるけれども，最後の段階においては，ケースから何を学ぶことができるかという「一般化」された問題について討議する。

こうした五つの段階を一連のプロセスとして踏むことによって，経営の諸問題をわれわれは学んでいくことになる。そして，問題発見能力，問題分析能力，問題解決能力，表現力や説得力を身につけ，また実践と理論のつながりを確認し，更に経営の幾つかの問題を理解していくことになるのである。

5．収録マネジメントケースの特徴

われわれが執筆・開発してきたケースの**第一の特徴は，ケースの登場人物が意思決定を迫られるケースである**ということである。われわれは実際の企業経営における成功物語からケース討論を通じてその成功要因を抽出したり，失敗物語からその失敗要因を見つけ出すようなケーススタディのあり方を否定するものでないが，マネジメントにかかわる人々にとって重要なのは「過去」ではなく「現在および将来」に関する意思決定とその実行であると考えるから，われわれは「現在および将来」につながる彼らの意思決定力とその実行力をケースメソッドを通じて育成したいと考えている。

第二の特徴は，いずれのケースも，組織における人間問題に焦点をあてていることである。われわれは，人間問題なくしてマネジメントの問題は語りえないと考えている。どのようなすばらしく精緻な経営戦略であれ，組織改革であれ，マネジメントの問題はつまるところ人間の問題であると考えている。われわれのケースに会話文が多く含まれているのも，人間問題を重視しているからである。しかしだからといって，人間，さらには人間相互の問題に議論がとどまり，経営戦略や組織改革などの問題が論じられないというのではない。上述したように，どのようなテーマ，視点からでも議論できるようなケースの執筆に努力したつもりである。

　ケースメソッドは，現実の経営現象から可能な限り，生の情報を収集し，教材として提示しなければならない。**第三の特徴は，ケースライターが見たまま，感じたままをできるだけ忠実に執筆しようと努力したことである**。ケース執筆過程で，われわれは受講者にケースやケース討論を通じて特定のテーマ（たとえば経営戦略，国際経営，経営倫理，人的資源管理，労使関係，人間関係，リーダーシップ，権限と権威など）について一定の理解や解決策を案出してほしいとは考えていない。それらを教えたいのであれば，はじめから講義方式を採用すればいいのである。しかし，現実はさまざまな問題が複雑に絡み合う状況であり，単純に問題を解きほぐすことはできないから，われわれはさまざまな視点から問題にアプローチしてほしいと考えている。実際にこれまでの経験からすれば，受講者が異なれば，問題の発見・分析・解決策も異なるのである。複雑な問題状況を描いたケースを前に受講者は，現実状況に近い経験を体験できるのではないかと考えている。

　第四の特徴は，ケースに登場する会社名や人名，数値が仮装されていることである。それはわれわれのこれまでのケース執筆経験から，実名を明らかにする実名ケースの場合，特に登場人物がいまだ現役で仕事をしている場合，それらの人々に配慮して問題の核心部分を描けない，描かしてくれないことがしばしばあったからである。仮装ケースの場合，ケースライターは，そうしたことに配慮することなく，取材した問題を包み隠さず読者に提示できる

から，「仕事の場」の現実で起こった問題を「教育の場」にストレートに持ち込むことができ，教材として現実により近い状況を再現できると思われるのである。

6．ケースメソッドの誕生

　ケースメソッドは，すでに周知のように1908年に専門経営者の育成を目的に米国で最初に設立されたハーバード大学経営大学院（ハーバードビジネススクール）において開発された教育方法である。同スクールの特徴の一つは，経営教育にケースメソッド（当初はプロブレムメソッドと呼ばれていた）という教育方法を開発・導入したことであった。ケースメソッドは，初代ディーンのエドウィン・F・ゲイ（Edwin Francis Gay）によって種がまかれ，2代目ディーンのウォレス・ブレット・ダナム（Wallace Brett Donham）によって開花させられた。その後ケースメソッドは，米国ばかりでなく世界の経営大学院や学部教育で有力な教育方法として取り入れられ，広く普及・定着している。こうした経緯については，吉田優治「創造するマネジャーとケース・メソッド」坂井正廣・吉田優治監修（ケースメソッド研究会著）『創造するマネジャー：ケースメソッド学習法』（白桃書房，1977年）に詳述してあるので関心のある方はご参照いただければ幸いである。

7．マネジメントケースの不足

　われわれはケースメソッドが経営教育にとっての唯一の教育方法であるなどとは考えていないが，今までのところ有力な教育方法の一つであると考えている。しかしながら，伝統的に欧米の経営学を体系的に教授することを中心に展開してきたわが国の経営教育においてケースメソッドは，いまだ一般的教育方法でないのが現状である。それは，教える側がケースメソッドによる教育を受けてこなかったこと，日本企業に関するマネジメントケースが量・質ともに十分でなかったことに主要な原因があるように思われる。近年，実践的な経営教育を求めるニーズの増大から，ケース利用のテクストが相次

いで出版されはじめた。しかし，いまだケースメソッドを実施する十分な環境が整備されているとは言えないのが現状である。

8．その他の教育との関わり

　マネジメントにかかわる人々を育成する「教育の場」において，マネジメントの概念や理論の教授を中心とする講義方式，アクションラーニングやビジネスゲームなどをはじめとする体験型学習プログラムなどとどのように関連付けながらケースメソッドを実施するのか，さらには「仕事の場」における教育・学習にどのように結び付けるのかなど，経営教育におけるケースメソッドの位置づけをさらに議論することが必要なように思われる。

9．ケースメソッドの多様性

　またケースメソッドのやり方には，さまざまな方法が考えられる。受講者がマネジメントについて初学者なのか経験豊富な実務家なのか，マネジメントの理論をどの程度理解しているのか，一つのケースを扱う時間はどれぐらいなのか，ケースを幾つぐらい実施する予定なのか，受講者数はどれぐらいなのか，問題発見・問題分析・問題解決のいずれを重視するのかなど，その実施状況も多様である。しかし，重要なことはそれぞれが試行錯誤しながらもまずケースメソッドを行ってみることであると思う。

10．手がかりとしての設問

　なお，本書に収録したすべてのケースには，ケース・インストラクターやケース学習者の便宜を図って設問が設けられている。それらの設問は，ケース分析のための視点を見出すための手がかりとして作成されたものであるから，そのすべてに答える必要は必ずしもない。ケース・インストラクターの指導目的やケース学習者の学習段階等に応じて，そのいくつかを選択し，適宜学んでもらえればよいと願っている。

最後に，われわれの恩師である青山学院大学名誉教授・故坂井正廣博士とともにこれまで出版してきた主な研究書，ケース集，テクスト（ケースとリーディングス）を示しておきたい。博士の逝去後，われわれの経営教育に関する研究活動も，ケース開発も牛歩のごとくゆっくりとしたものであったが，今後は少しだけ歩を速めたいと思う。坂井正廣博士のマネジメント教育とケースメソッドに寄せる想いをいつも心に抱き，そしてわれわれのつくるケースメソッド研究会でいつも刺激的で挑戦的なアイディアを提供してくださる辻村宏和教授（中部大学），さらに出版への支援を送り続けてくれる白桃書房社長・大矢栄一郎氏に感謝しつつ，今後の研究教育活動に努力しようと思う。

1．坂井正廣・吉原正彦編著『組織と管理：ケースとリーディングス』文眞堂，1987年
2．坂井正廣・吉田優治編著『マネジメント：ケースに学ぶ〔新版〕』文眞堂，1991年
3．坂井正廣・村本芳郎編著『ケースメソッドに学ぶ経営の基礎』白桃書房，1993年
4．坂井正廣著『経営学教育の理論と実践〔文眞堂現代経営学選集10〕』文眞堂，1996年
5．坂井正廣・吉田優治監修・ケースメソッド研究会著『創造するマネジャー：ケースメソッド学習法』白桃書房，1997年

平成16年11月23日
吉田優治・中村秋生

目　次

読者の皆さんへ

ケース１．「東京設計株式会社：二年生社員・稲川剛の不満」………… *1*

ケース２．「佐野運輸株式会社：カスミでも食えというのか」………… *17*

ケース３．「太陽燃料株式会社・四国支店：入札価格の交渉」………… *27*

ケース４．「東京航空株式会社：新人スチュワーデスの困惑」………… *37*

ケース５．「株式会社ジュエルフォト：在庫発生と米国進出」………… *49*

ケース６．「株式会社大阪百貨店：在庫60万冊とお客様相談室長」……… *61*

ケース７．「株式会社リリー化粧品：東京商品センター」………… *67*

ケース８．「安心火災保険株式会社：社長への手紙」………… *81*

ケース９．「オリオン銀行日本支社：仕事引継ぎの混乱」………… *91*

ケース10．「桜機械株式会社：総務部長の悩み」………… *97*

ケース11．「株式会社ピッコロ：営業所長の怒り」………… *105*

ケース12．「株式会社スカイハイ：人事課長の困惑」………… *125*

ケース13．「株式会社悠久屋：部長の出張旅費」………… *139*

ケース14．「株式会社アルファ：品質総合研究所」………… *145*

ケース15．「株式会社ニシダ：新入社員鈴木直也の窮地」………… *163*

ケース16．「体育会少林寺拳法部：クラブかゼミか」………… *173*

ケース17．「房総少年サッカークラブ：監督交代」………… *179*

ケース１
「東京設計株式会社：二年生社員・稲川剛の不満」

１．東京設計株式会社

　東京設計株式会社（以下，東京設計と略称する）は，東証第一部上場の東京プラント株式会社から1982年に分離独立した会社であった。同社は，東京プラント株式会社が建設する発電所，変電所，産業機械設備などの設計を主たる業務とする設計会社であり，1990年10月現在，資本金は9,000万円で，株式の100％を東京プラント株式会社（以下，東京プラントと略称する）により所有されていた。従業員数は東京プラントからの出向者62名を含め160名であった。同社には，その他に３つの下請け設計会社から契約社員が常時480名ほど派遣されており，彼らは「外注さん」と呼ばれていた。

　東京設計は，会社用の建物として，池袋にある地方銀行所有のビルの３階から７階までを賃貸契約していた。その組織は，各種設計を行う設計部，労務・経理・購買を担当する総務部，設計部が使用するCADのメンテナンスを専門に扱うCADセンターからなっていた。

　設計部には，配管サポートや操作架台モジュールを設計する機械グループ，ケーブルや電線管を設計する電機グループ，ダクトや空調配管を設計する空調グループがあり，組織上は設計第１課と設計第２課とに分かれていた。設計部では，それまで製図機を使って設計したり，計算機を使って難しい数値

＊このケースは、吉田優治（千葉商科大学教授）が集団討議の基礎となるよう作成したものであり，組織や管理についての正しい（望ましい）処理とか誤った（望ましくない）処理の実例を示そうとしたものではない。このケースは関係者へのインタビューおよび関係資料に基づき作成されているが，教育的視点から一部脚色されている。ケースにおいて使用されている人名，会社名，地名，数値などはすべて仮装されている。このケースの著作権はジャパンケースバンク（JCB）によって所有されている。ケースをコピーして無断使用することは認められない。ケース使用にあたってはJCBの許可とこの注記を付すことが必要である。

計算を行ってきたが，1988年CADシステムの導入以降，ひとつのコンピュータ画面で個別設計図面の作成から，構造物応力解析，熱負荷計算，重量計算，全体設計の調整，動作シミュレーション，資材表作成，塗装カラー・コーディネーション，空気対流分析，振動分析，照度計算を一括して処理することができるようになった。しかし，CADシステムの端末機がCADセンターに43台しかないことから，外注さんも含め，設計部員には，それぞれパーソナル・コンピュータが与えられていた。

2．工藤社長と管野助教授の話し合い

　東京設計の代表取締役社長・工藤健一郎は，1927年生まれで，京都大学工学部電気学科を卒業後，東京プラントに入社し，一貫して設計部門を歩み続け，1980年6月には技術担当の取締役設計部長に就任した。1982年6月に東京プラントを勇退し，同年7月に東京設計の代表取締役社長に就任した。1988年10月，友人の娘の結婚式で，当時，道北短期大学の専任講師であった管野達郎と知り合い，彼に学生の就職斡旋を依頼したことがあった。

　管野達郎は，東京の青葉大学大学院経営学研究科を修了後，1987年4月に設立された北海道の道北短期大学経営情報学科で「経営管理論」の担当者として3年間を過ごした後，1990年4月から東西大学経済学部へ移り，助教授として「経営管理論」と「労務管理論」を担当していた。管野助教授は，道北短期大学勤務中の1989年4月，短大の第1期卒業生のなかから東京で就職を希望する稲川剛と石垣勝の2人を東京設計に推薦し，その就職を決定させていた。

　1990年8月3日の午後，工藤社長から管野助教授の研究室に電話がかかってきた。

工藤社長　：ご無沙汰しております。昨年は求人の件でお世話になりありがとうございました。先生からご推薦いただいた稲川君と石垣君

は，すっかり会社の仕事にも馴れ，毎日コンピュータとにらめっこしながら元気に頑張ってくれています。

管野助教授：なにかとお世話になりありがとうございます。夏休みに入り一息ついているところです。私も，社長にお電話しようと思っていたところでした。まず社長のお話をうかがいましょう。

工藤社長：ご承知のように来年度の採用は例年になく厳しい状況でして，うちのような規模の会社には，なかなか学生さんが来てくれないんです。今年の春は20名の採用予定でしたが，わずか4名しか採用できませんでした。仕事はさばききれないほどあるんですがね・・・。求人について今年も是非，先生にお助け願いたいと思い，お電話させていただきました。

管野助教授：社長ご自身が求人活動をされるとは大変ですね。ご苦労のほどお察しします。今年はどこでも相当厳しいようですが，社長はどういう学生を希望されているのですか。

工藤社長：ご存知だと思いますが，うちは別会社になっていますが東京プラントの設計部門のようなものですから，なんといっても技術系の人がほしいのです。

管野助教授：東西大学は，文科系の大学ですから，設計やコンピュータを専攻している学生はいません。事務系の採用は考えていないのですか。

工藤社長：心配はご無用です。稲川君と石垣君は，短大時代のコンピュータの勉強が役立ち，仕事にすぐに慣れたのではないかと思いますが，コンピュータに触れたことのない学生でも，入社後に初歩から教育しますから心配はいりません。事務職と管理職については，会社創立以来，東京プラントからの出向者で間に合わせてきましたが，そろそろ自前の社員を育成しなければと考えているところです。是非，わが社の将来を担うような人物を先生にご推薦願いたいのです。どうぞ宜しくお願いします。

管野助教授：分かりました。後期の授業が始まり次第，就職部にも話し，ゼミの学生にも勧めてみましょう。

工藤社長　：総務部長でも私でも，ご指示いただければ大学にお邪魔させていただきます。いつもお願いばかりで，申し訳なく思っています。ところで，先生のお話しはどんなことですか。できることなら何でもさせていただきます。

管野助教授：・・・お話ししにくいことなのですが，昨年採用していただいた学生のことなのです。先日，稲川剛が突然私を家に訪ねてきました。最初は，季節の挨拶にでもやってきたのかと思いましたが，顔色もすぐれず，落ち着かない様子なのです。彼は，高校時代に相当ないじめにあったということで，短大時代には，どちらかといえば，おどおどした態度が目立ち，精神的に弱いところがあったので，社会に出てからしっかりやっていけるかどうか心配していました。ですから，会社で何かあったのではないかと感じたのです。

工藤社長　：そういえば，たまに廊下で彼にすれちがった時に，こちらが「しっかりやっているか」と尋ねても，伏し目がちに挨拶するだけなので，そのうち北海道のことでも聞いてみようかと思っていたのですが・・・。

管野助教授：私が「仕事はうまくいっているのか」と尋ねると，「なんとか1年半頑張ってきたけれども，もう限界です」というのです。

工藤社長　：稲川君は，コンピュータの知識があるので，確か，設計部でコンピュータを使って空調機の配管関係の設計をしてもらっていると思いますが・・・。先日，ご案内させていただきましたから，先生にもお分かりかと思いますが，昔と違って今はコンピュータひとつで設計していきます。この前，私が彼の側を通りかかったときには，三次元の立体画面を作って，設計段階で気づかなかった配管の不備をチェックしていました。そのときに

　　　　　　　　は，入社1年たらずで，よくこんな難しい仕事をしているなあと思い，人手不足の折りから大変頼もしく感じたのですが・・・。

管野助教授：彼の話は，あちこちに飛び，要領を得ないところもあるのですが，総合すると，上司のこと，仕事のやり方，残業，寮のことなどについての不満なのです。

工藤社長：そうですか。どうもわれわれの配慮が足りないようで申し訳ありません。

管野助教授：いやいや，社外の私が詳しい事情もわからず，彼から一方的に聞いたことをお話ししているだけのことですから，どうぞお許し下さい。しかし，稲川の様子があまりにも思い詰めていたようですから。それに，私が就職を世話したものですから，御社にご迷惑をかけているのではないかと心配になりまして・・・。卒業生といっても，今ではおたくの社員ですから，私などが口出しすることではないかもしれませんが。

工藤社長：そんなことはありません。よくお話し下さいました。せっかくお世話いただいた学生さんをそんなふうにしてしまっては，先生に顔向けできません。

管野助教授：私は，彼が，責任をもって積極的に行動する姿勢に少し欠けるところがあることを学生時代から知っていましたので，「どの会社でも，程度の差こそあれそうした問題はある。だれだって会社を辞めたいと思うことは何度もあると思うよ。君の話を聞いていると，上司や会社だけが悪いようだけれど，君も十分に努力しているのか。たとえば，君は自分で，コンピュータの勉強をしているのか。上司に自分の意見をしっかり伝えているのか。同僚とうまくやろうと努力しているのか」と言ったんですが・・・。

工藤社長：人手不足の折です。彼に辞められでもしたら大変です。恥ずかしい話なのですが，先月も，彼のいる設計部のベテラン社員が

申し合わせたように一度に6人も辞めてしまい困っているところなんです。今日の話は至急検討させていただきます。電話でもなんですから近いうちにお食事でもご一緒させていただけませんか。先生からの宿題も，その時までには解決しておきたいと思います。どうも，お願いしづらくなってしまいましたが，求人の件はよろしくお願いします。

3．工藤社長と笹川総務部長の話し合い

　工藤社長は，電話を終えると，総務部長の笹川国男を社長室に呼び，稲川について管野助教授から聞いたことを話してみることにした。

　笹川国男は，1944年熊本に生まれ，1962年，同地の商業高校卒業と同時に，東京プラントに入社した。1972年営業係長となり，1978年には総務課長に昇任していた。当時の東京プラントの35歳以下の課長職若干3人のうちの1人であった。そして，1980年，東京設計が創立されると同社の総務部次長として出向し，1990年4月には総務部長に就任していた。彼は，高校時代に柔道で国体に出たことがあり，折りに触れ，部下や仲間に「人間は粘りと根性だ」と言っていた。

　工藤社長の話を聞き終わり，コーヒーを飲みながら，2人は次のように話し合った。

笹川部長：稲川は，若者らしい元気がなくてしょうがないんですよ。やる気があるのかないのかわかりません。若いんだから，もっと頑張ってもらわないと困ります。仕事は遅いし，ミスも多いということです。それでいて外部の人間に社内の問題を話すなんて，何を考えているのでしょうかね・・・。わかりました，彼の上司・設計第1課の本田課長と相談して，私からよく話しておきましょう。ところで，求人の件はどうでしたか。高校生の応募者がようやく

10人というところです。管野先生には，社長からよくお願いしておいて下さい。

工藤社長：求人の件もさることながら，社内の問題点を外部の人から指摘されると，問題の重さを感じるなあ。これは，稲川君だけの問題ではないような気がする。先月は，設計部で退職者が相次いだことだし。笹川君，設計部長の加賀君とも十分に話し合って下さい。

笹川部長：わかりました。私が責任もって，至急に処理するようにしましょう。

工藤社長：頼んだよ。

4．笹川総務部長と稲川剛の話し合い

　笹川総務部長は，自分の机に戻ると稲川に電話をかけ，至急に第1会議室まで来るよう指示した。稲川は「やっと，CADを使える順番が来たので，あと30分ほど待っていただけないでしょうか？」と頼んだが，笹川総務部長は「部長の俺が直接に呼んでいるんだぞ。緊急の用件に決まっているだろう。こっちだって忙しいんだからすぐに来い」と言うと電話を切ってしまった。稲川は，ともかく笹川部長に会わなければと思い，第1会議室に急いだ。

稲川　剛：さっきは，すみませんでした。ようやくCADの順番がまわってきたものですから。なんでしょうか。

笹川部長：社長から呼ばれて君の話を聞いたよ。どうして，本田課長や俺に相談する前に管野先生なんかに会社の内部のことを話したりするんだ。管野先生も，社長に直接に電話なんかしなくったっていいのになあ。君は，会社のどこが気にいらないんだ。俺にだって，嫌なことはたくさんあるよ・・・。いつまでも学生気分で仕事をされちゃかなわないな。話してごらん，聞いてやるから。

稲川　剛：・・・。

笹川部長：何を，オドオドしているんだ。男は，堂々としていなくちゃいけないよ。黙っているだけじゃわからんじゃないか。

稲川　剛：・・・沢山あり過ぎて何から話したらいいのかわかりません。

笹川部長：順序だって話せなくてどうする。だから皆から仕事が遅いなんて言われるんだぞ。

稲川　剛：・・・。第一に何も教えてもらっていないのに，「あれやれ，これやれ」と言われたって無理です。本田課長は「自分は高校しか出てないが，独学でコンピュータをマスターしたんだ。君は，短大でコンピュータを習ったんだから，わからないなんておかしいぞ」なんて言うんです。短大で習ったと言っても，正直言って難しすぎてよくわからなかったんです。それに短大と会社のコンピュータは，種類も違いますし，やってることも違います。それに，コンピュータを使って設計しろなんて言われても，設計の勉強なんてしたこともないし，習ってもいません。それに社員より外注さんのほうが，よく訓練されていて何でも知っているんです。僕に親切に教えてくれていた外注さんは春に辞めてしまいました。最近では，新しい外注さんに教えてもらっているんですけど，「社員のくせに，こんなことも知らないのか」と馬鹿にされ，恥ずかしい思いをすることがよくあるんです。頭にくることもありますが，怒ってしまったら教えてくれる人がいなくなってしまうので我慢しています。社員が外注さんに頭が上がらないなんて何か変ですよ。それに聞くところによれば，年が同じでも彼らの方が給料が多いんです。僕のところには，本田課長を含めて社員は40人しかいないのに，外注さんは210人もいるんですから，人数からいっても勝ち目はありません。

笹川部長：新入社員教育のとき，2週間もコンピュータ教育をしたじゃないか。あれだけで，すべてを教えたとは思わないが，そこから先は本人の努力次第なんじゃないのか。設計だって，みんな仕事をし

ながら覚えるんだ。失敗しながら良いものができるようになるんじゃないのかなあ。君のところの本田課長なんて，最初は何もわからなかったようだけれど，本を読んだり，面倒くさがられ，嫌がられながらも先輩に尋ねまわって，あそこまで出来るようになったんだぞ。だから，君も不平を言う前にもっと努力することがあるんじゃないのか。それが証拠に，一緒に入った石垣君は，文句なんか言ってこないじゃないか。

稲川　剛：石垣のところの田原課長は，北海道の出身です。石垣には，自分の弟に接するように親切に何でも教えてくれているからです。ですけど，彼も残業が多く，貧血気味で日曜には一日中部屋で寝ていますよ。

笹川部長：君は，自分で何か勉強しようと努力しているのか。

稲川　剛：そんなこと言ったって，残業が多すぎて・・・。とても一人で勉強する時間なんてないですよ。設計部員は，外注さんを含めて全部で250人もいるのにCADの端末機はCADセンターに43台しかないんですよ。若い者は，先輩やベテランの外注さんが使った後でやっと使えるんです。朝から使いたいときでも，夕方からなんてことも度々です。それで，やっと使えるようになると，先輩が来て「ちょっと使わせてくれ」なんて言うんですから，ゆっくり落ち着いて仕事もできないし，自然と残業が多くなってしまうんです。もっと悪いことには，5月から実施された火曜日と木曜日の「ノー残業デー」の影響で，その他の曜日にコンピュータの使用が集中してしまったことなんです。だから，一人でコンピュータを勉強しようとしたって実際には無理なんです。

笹川部長：CADの端末機が43台しかないのは仕方がないんだよ。お金がないからじゃなくて，スペースがないからなんだ。会社も設立当初は，設計部全体で70人ほどだったからこれでよかったんだが，会社が急成長して従業員数の増加に設備が追いつかないんだよ。だ

から最初あった社長室だって潰して，そこにコンピュータを8台増設したぐらいなんだ。社長だって，好きこのんで総務部のコーナーの小さな部屋に机を置いているわけじゃないんだ。新しい事務所への移転も考えているけど，丸の内にある東京プラントに交通の便がよくて，賃貸料の安い事務所なんて今どき捜すのは難しいんだ。だけど，パソコンは1人1台ずつあるじゃないか。CADを使わなくても出来る数値計算なんかは，それでやれるんじゃないのか。CADの前に座る以前に，おおよそのことを準備する時間だって必要じゃないのか。なにもコンピュータを操作しなくたって，要領よくやれば，いくらでも仕事の準備はできるんじゃないのか。それから「ノー残業デー」については，君たちから「残業が多い」と苦情が出たもんだから実施したんだ。それだって東京プラントの人たちから「自分たちは遅くまで残業してるのに子会社の社員はサッサと帰っている」なんて言われないように，俺たちが時間をかけて根回しをしてやっと出来たんだよ。そんなこと知らなかっただろう。だから，すぐにやめるわけにはいかないんだ。ベストの職場環境を期待しても現状では無理だ。そこをなんとかするのが，仕事をするということじゃないかと思うけれどね。

稲川　剛：しかし，このままだと仕事の計画なんて立てられませんよ。「ノー残業デー」のことですけれど，先週の火曜日なんて，どうしてもその日のうちにしなければならない仕事があるというのに，5時になったら本田課長は「今日は『ノー残業デー』だから，残って仕事をしちゃいけない」と言うんです。それでいて，次の日の朝には「仕事が遅い」って嫌味を言うんです。それに本田課長は，僕が仕事を早く終えて帰ろうとすると，「先輩や上司が残っているのに帰ろうというのか。俺たちの仕事が終わるまで待っていろ」と言うんです。自分が早く帰ろうとするときには，人に仕事

を押しつけてサッサと帰ってしまうのに・・・。それから，僕たちは，会社から１時間半もかかる古い寮に入れられているのに，今年の新入社員は会社に近い冷暖房完備の新しい部屋に入れるなんて不公平じゃないですか。僕なんか，残業が終わって寮にたどり着くのが12時過ぎなんてことはしょっちゅうで，まともに寮で夕食なんか食べたことがないんです。朝だって，疲れて時間ぎりぎりまで寝ているものだから，寮で朝食を食べたことなんか最初の２週間ぐらいなもんです。それでも食費だけは，毎月２万円取られていますが。

笹川部長：いい若い者が愚痴ばかり言ってどうする。会社は戦場なんだぞ。そんなことばかり言っていると，一生うだつの上がらない子会社の設計係で終わってしまうぞ。いやなら辞めちまえ。

稲川　剛：・・・。

　稲川は突然立ち上がると，顔を紅潮させ，目に涙を浮かべて全身を震わせ始めた。

稲川　剛：あんたには，人の心なんてわからないんだ。どうして，わかってもらえないんだ。自分は親会社からの出向だから，僕らのことを心の底で馬鹿にしてるんじゃないですか。もうあんたの顔なんて二度と見たくない。

笹川部長：君，何を言っているんだ。おかしいんじゃないのか。何を取り乱しているんだ。君は，管野先生の推薦だということで採用したんだぞ。けれど結局，うちの会社に入るだけの力はなかったようだな・・・。そんなに怒る元気があるなら，そのエネルギーを仕事の方にまわしてもらいたいもんだ。

稲川　剛：頭にきた。許せない。何の未練もない。こんな会社辞めてやる。

そう言い残すと稲川は，体当たりするようにして第1会議室の扉を開けると部屋を出て行った。

5．笹川総務部長と加賀設計部長の話し合い

笹川総務部長は，すぐに会議室から設計部長の加賀達也に電話をした。加賀達也は，1944年，青森に生まれ，青森工業大学を卒業後，1967年，東京プラントに入社し，1987年以降，設計部第2課長を務めていた。1989年，東京設計の設計部長として出向していた野茂繁が東京プラント設計第1部長として戻ってきたので，その後任として東京設計に出向となり，東京設計の設計部長に就任した人物であった。

笹川部長：空調の稲川が，会社を辞めると言ってそちらへ戻ったので，少し落ち着かせてから，もう一度，第1会議室へ連れてきてもらえないだろうか。詳しい話はそのときするけど，いろいろ会社に不満があるらしくてね。僕が少しきついことを言ったら興奮して辞めると言い出してね。

加賀部長：どんなことを言ったのかわかりませんが，なぜ一言，私に言ってくれなかったんですか。先月6人が辞めたときにも，私には事後報告じゃなかったですか。その時にも，「今後は部門長の私にも相談して下さい」と頼んでおいたでしょう。

笹川部長：君の部門の問題なんだから，本来，部門長の君が問題を発見し，解決すればいいんだ。設計部の連中は，なにか問題が起こると総務部に相談に来るんだよ。君が設計部を掌握してないから，総務部が苦情処理所になってしまっているんだ。設計部には問題が山積しているんじゃないの。

加賀部長：そんなことは言われるまでもなく承知していますよ。実際，仕事量が予想を大幅に上回って増えてきたので，なにもかもが追いつ

かないんです。若い者にも十分な教育をしてやりたいし，先輩としていろいろ相談にも乗ってやりたいのですが時間がないんです。本田課長だって同じ気持ちじゃないのかなあ。彼なんか，残業続きで奥さんとうまくいってないようで，相当イライラしていますよ。

笹川部長：まあ，とにかく稲川の件は君に任せたよ。

加賀部長：初めからそうしてくれればよかったのに。総務部は設計部の問題についてどう考えているのか一度ご意見を伺いたいものですな。設計部だけで解決できない問題もあるし，稲川君の件もあるので，明日の午前中に会って下さい。

笹川部長：僕も忙しいけど，いいでしょう。それでは，その時に稲川の件をどう処理するつもりなのかを聞かせて下さい。

加賀部長：考えておきましょう。

6．トップ・マネジメントの話し合い

　次の日の午前10時から，笹川総務部長，加賀設計部長，本田設計第1課長，それに笹川総務部長から報告を受け，自分から出席を求めた工藤社長の4人が第1会議室に集まった。

工藤社長：笹川部長から一応の報告を受けました。稲川君の件については，彼自身に反省してもらわねばならない点もあるようだが，会社としても考えなければならない問題があると思うのですが。どうでしょう。

加賀部長：社長のおっしゃる通りです。稲川君の問題も，先月辞めた6人の中堅社員の問題も，起こるべくして起こったように思われます。全社的に取り組んでいただきたいと思います。

笹川部長：加賀部長，何を他人ごとのようなことを言っているんですか。全

社的に取り組む前に，設計部自体が，つまり責任者のあなたがこうした問題にどう取り組むかを考えるべきじゃないんですか。そんな，他人任せなことを言っていたのでは先が思いやられるな。稲川の件はどうなったんですか。

加賀部長：他人任せなんて考えていませんよ。笹川部長こそ，総務部の仕事を放棄してしまっているんじゃないですか。

本田課長：稲川君から話を聞いてみると，失礼ですが，昨日は笹川部長も彼にだいぶ挑発的なことを言われたんじゃないんですか。私が，一生懸命なだめたので，今日はなんとか仕事をしていますがね。

笹川部長：それじゃ，まるで悪者は私だと言っているようじゃないですか。心外だな。上司が自分たちの非を認めないようだから，若い部下が不満を抱くようになるのも無理ないのかもしれないな。設計部の幹部は，反省して欲しいですね。それから，辞めたい者は，辞めさせたほうがいいと思いますよ。仕事ができない者をいつまでも抱え込んでおくことは，長期的にみてマイナスですからね。会社は，学校と違うんです。教育機関じゃないんだ。そのことを，しっかりと認識してもらいたいものですな。

本田課長：だから，笹川部長には，能力のある人材を採用してくれといつも頼んでいるじゃないですか。去年の4人だってひどいもんでしたよ。

笹川部長：そう言うけど，あれだって，やっと採用できたんですよ。後は，設計部のほうでしっかり面倒をみてくれていれば問題はなかったはずです。

工藤社長：もう止めて下さい。今日は，なんのために集まったのですか。お互いに責任をなすり合ったところで解決にはなりません。管理者である皆さんが，こんなことでは・・・。うちでは，とくに管理者教育というようなものをしてきませんでした。今後は考えねばならないでしょう。・・・明日，もう一度，会議を開きましょう。

その時に，それぞれに，問題改善のためのレポートを提出してもらいましょう。私は，技術屋ですから，これまで従業員の管理については君たちに任せてきましたが，どうも間違っていたようです。私も，真剣にこの問題に取り組んでいこうと思います。本田課長，後で稲川君に僕のところまで来るよう伝えて下さい。今日，銀座で管野先生と夕食をご一緒することになっているので，その前にいろいろと話を聞いておきたいと思いますから。

工藤社長は，そう言い残して会議室を出ていった。残った3人は，無言でコーヒーを飲み干し，1人ずつ部屋を出ていった。

（設問）
1. 稲川剛を辞職する気持ちまで追い込んだと思われる要因にはどのようなものがあったと考えますか。その要因を5つ以上あげなさい。
2. それらの諸要因のうちとくに重要と思われるものを3つあげ，稲川剛の置かれている状況との関係について簡潔に論述しない。
3. 稲川剛の気持ちと設計部6人の辞職とは関係があるでしょうか。あるとすれば，それはどのようなものでしょうか。
4. 笹川総務部長と本田設計第1課長の考えには共通性があるでしょうか。あるとすれば，それは何でしょうか。
5. 加賀設計部長は，稲川剛の処遇についてどのような見解をもっていると考えられますか。
6. 工藤社長は，管野助教授との電話後，笹川総務部長に何を「頼んだよ」と言ったのでしょうか。
7. あなたが工藤社長の立場にあれば，稲川に会って何を話しますか。
8. あなたが稲川の立場にあれば，社長に対して何を一番に訴えたいと思いますか。
9. あなたが本田課長の立場にあれば，どのようなレポートを書きますか。
10. あなたが笹川部長の立場にあれが，どのようなレポートを書きますか。
11. あなたが加賀部長の立場にあれば，どのようなレポートを書きますか。
12. あなたが工藤社長の立場にあれば，管野助教授と会って，稲川の問題につい

てどのように話しますか。
13. あなたが管野助教授の立場にあり，この問題について助言を求められたとしたら，どのような提案をしますか。
14. あなたが社長の立場にあれば，今後どのような経営方針を打ち出しますか。
15. 稲川の問題は東京設計株式会社が置かれている状況と関係があると思いますか。あるとすれば，それはどのようなものですか。
16. あなたは就職する場合，どのような基準で会社を選択しますか。それは何故ですか。
17. 会社が求人，採用にあたって考慮すべき事柄について考えてみて下さい。
18. あなたは，ケース「東京設計」から，管理および組織の問題としてどのようなことを学びましたか。
19. そのケースについて，両親，兄弟姉妹，先輩など，すでに仕事についている人々と話し合ってみて，彼らの意見を聞き，そこから学んだ事柄について論述して下さい。

ケース2
「佐野運輸株式会社：カスミでも食えというのか」

1．佐野運輸株式会社の設立

　佐野運輸株式会社（以下，佐野運輸と略称する）は，1975年，佐野太郎氏によって株式会社として設立されたトラック輸送専門会社であった。創業者の佐野太郎氏は，1932年，岩手県に生れ，1946年秋，名古屋に移り住み，地元のタクシー会社に勤務，稼ぎの良いタクシー運転手として評判を得るようになった。

　1956年，佐野太郎氏はそれまでの蓄えを元手にトラックを1台購入し，弟の佐野継男氏（1938年生れ）とともに名古屋地域を中心に建築資材輸送の仕事を始めた。その後，東名高速道路と新幹線の建設工事によるダンプの需要増大に目をつけ，トラック輸送からダンプ輸送に事業転換を図り，7台のダンプを所有するまでになった。しかし，1962年，受取手形が不渡りとなったことから経営が行き詰まり，ダンプ販売会社がローン支払い途中のダンプ7台を引き上げてしまったため，会社は倒産に追い込まれた。そのため，しばらくのあいだ佐野太郎氏は弟の継男とともに板垣トラック架装会社で従業員として働いていた。

　1971年，佐野太郎氏は，彼の前歴を知り，その真面目な仕事ぶりに感心した板垣トラック架装会社の板垣譲次社長から日本タイヤ株式会社（以下，日

＊このケースは，吉田優治（千葉商科大学教授）が集団討議の基礎となるよう作成したものであり，組織や管理についての正しい（望ましい）処理とか誤った（望ましくない）処理の実例を示そうとしたものではない。このケースは関係者へのインタビューおよび関係資料に基づき作成されているが，教育的視点から一部脚色されている。ケースにおいて使用されている人名，会社名，地名，数値などはすべて仮装されている。このケースの著作権はジャパンケースバンク（JCB）によって所有されている。ケースをコピーして無断使用することは認められない。ケース使用にあたってはJCBの許可とこの注記を付すことが必要である。

本タイヤと略称する）の愛知工場長・橋爪秀樹氏を紹介され，橋爪氏の援助によって同工場で生産されたタイヤ製品を近隣地域にある4か所の倉庫へトラック輸送する仕事を始めた。当時の佐野太郎氏を知る元日本タイヤ・愛知工場の藤堂輸送課長は，佐野社長について次のように語った。

　彼は，ただ人あたりが良いというだけでなく，仕事に対して積極的で，どの倉庫にどの製品がどれぐらいあるかというような在庫情況についても自分たち社員よりもよく知っていました。急ぎのときには製品の番号と個数を伝える電話一本かければ，こちらから倉庫を指定しなくとも間違いなく求める製品を工場まで運んでくれたので，（日本タイヤ）愛知工場の製品輸送は彼に任せておけば間違いないとまで言われるほど大きな信頼を得ていました。そして，いつの間にか，わが社のトップともゴルフや酒の接待を通じて交流を深め，数年もすると工場や倉庫から首都圏の直営店や代理店への製品輸送も引き受けるようになっていました。

　1975年，佐野社長は，日本タイヤのトップ・マネジメントから，独立して運送業務の営業免許を取得して会社組織として運営するよう求められ，同年トラック6台をもって資本金1千万円で佐野運輸株式会社を設立し，その社長となった。
　やがて中村工業株式会社（以下，中村工業と略称する）の製品輸送の事業をも担当するようになった。当時の佐野運輸にとって，日本タイヤと中村工業の両社は，大荷主であり，両社からの売上額は売上全体の93％に及んでいた。その内訳は，日本タイヤ75％，中村工業18％であった。1977年末までに，同社のトラック保有台数は20台に増えていた。

2．日本タイヤ倒産とその後

　日本タイヤは，1979年，第二次石油危機の影響を受け倒産した。日本タイ

ヤの倒産は，佐野運輸に経営危機を招くこととなったが，佐野社長は，金城タイヤ株式会社（以下，金城タイヤと略称する）が日本タイヤの工場設備と周辺4か所の倉庫を使用して操業を開始することを聞きつけ，直ちに金城タイヤの物流部長・竹本広樹氏に面会を求め，日本タイヤ時代の運輸実績を示し，引き続きトラック輸送を担当させて欲しいと懇願し，その受注に成功した。佐野社長は，酒が入ると，しばしばこの交渉成功について「俺は死ぬ気で頑張って会社を守り抜いた」と涙を浮かべ長男である常務取締役の佐野一郎氏やときには従業員にも語っていた。

その後，佐野社長は金城タイヤの竹本物流部長の紹介によって金城タイヤ社長・野村忠男氏と面識を持つことになり，野村社長とゴルフをしたり，酒を酌み交わし人生について語りあうまでになった。その間，1984年までに佐野運輸の保有トラックは58台に増えていた。

しかし，1989年，金城タイヤは，「バブル」経営崩壊の影響を受け，生産縮小に追い込まれ，金城タイヤの工場は，金城タイヤと同一グループ企業で，ゴム製品を加工製造する三河ゴム株式会社（以下，三河ゴムと略称する）が使用することになった。佐野社長は，野村忠男金城タイヤ社長を通じて，同氏の大学時代のラグビー部後輩であり，三河ゴム社長の山田新市氏を紹介され，三河ゴムのトラック輸送の受注に成功した。1990年，佐野運輸の売上額の約50％は三河ゴムであり，約30％が中村工業，残り約20％が三河ゴム傘下の下請け企業であった。

3．「バブル経済」崩壊後の荷主企業からの要求

「バブル経済」の崩壊後，荷主企業にとって残されたコスト削減部門は，これまであまりその対象と考えられなかった物流部門であるとの認識が高まり，荷主会社も物流部門に有能な人材を配置するようになった。佐野運輸もその影響を受け，荷主会社から運賃単価の切り下げ，効率的な運輸システムの構築が求められるようになり，1995年，同社は，バブル経済崩壊以前に58

台であったトラックを45台に，従業員も95名から75名に削減した。同年，佐野運輸の売上額の約70％は三河ゴムによるものであり，約10％が中村工業，残り約20％が三河ゴム傘下の下請け企業によるものであった。

　佐野運輸の本社事務所には，佐野太郎社長の他に，経理部長・渡辺　弘氏とパートの女性2名がおり，隣接する修理工場には社長の次男で修理工場長の佐野二郎氏と修理工2名がいた。また，本社から少し離れた営業本部兼トラック車庫には，（事務を苦手とし，自ら「生涯一運転手」と称してトラックのハンドルを握っている）社長の弟で専務取締役の佐野継男氏，（社長を補佐し全般的事項の決済を行っているが，それ以外の時間はトラック運転手として働いている）社長の長男で常務取締役の佐野一郎氏，営業部長・山口勝則氏，配車係長・竹田信照氏――配車課長は1995年秋退社，空席のまま――，社長の三男で配車係長補佐の佐野三郎氏，トラックの修理を担当する修理管理士，女子事務員2名，それにトラック運転手43名がいた。同社には，この他に，荷主の工場や倉庫で荷物の上げ下ろしをするフォークリフト担当の従業員が17名いた。同社の株式は佐野社長が100パーセント所有しており，社長の妻である佐野幸子が監査役をつとめていた。

4．問題の発生：新年の挨拶

　1996年1月，毎年の恒例に従い，佐野太郎社長，佐野一郎常務，山口勝則営業部長の3人は，大手荷主企業2社へ新年の挨拶に出かけた。三河ゴムでは，会議室に取締役物流部長の安藤伸一氏が，物流副部長の羽鳥利明氏をはじめ，物流課長，物流係長を引き連れて挨拶に出てきた。一通りの挨拶を終えると安藤物流部長と佐野社長の間で次のような会話がなされた。

物流部長：わが社の山田社長が昨年6月の株主総会で退任し，佐野さんも寂しくなったのではありませんか。
佐野社長：山田前社長には大変お世話になりました。御社の仕事ばかりか，

　　　　　下請け会社の仕事まで紹介していただき有り難く思っています。新任の加藤社長は，親会社の愛知化学の副社長を兼務されているとのことで，まだお会いする機会がなく残念です。今度ゆっくりお会いさせていただこうと考えていますので，宜しくお取りはからいを願います。

物流部長：ところで昨年夏の交渉の際には，１トン未満の荷物を御社を通じて路線業者に出すことを快諾していただき，有り難うございました。佐野社長もご存じでしょうが，御社にお願いしている荷物にも，長距離については大手路線業者の方が割安になることがあるんです。担当者が不勉強だったとも言えますが，いままで路線業者を利用しなかったこと自体がおかしいという批判さえ出ています。それに，私のところは，トラック業者数社から「安い運賃でやるから，少しでも荷物を運ばせてくれ」という積極的な営業セールスがたびたびあって心を動かされることもあるんです。しかし，わが社の山田前社長と金城タイヤの野村忠男社長との関係もあるし，当分は御社にお願いしようということになりました。その代わりに，１トン未満の荷物については泣いて貰うという結果になりました。１トン未満が御社にとっての儲けどころだということは十分承知しています。ですから，御社を通じて路線業者へ出荷し，その際には，路線業者への支払い額に10パーセント上乗せしてわが社に請求するよう配慮したつもりなんです。わが社も加藤新社長からコスト削減の大号令が出されているところでして。そんな訳ですから，何とかお願いしますよ。

佐野社長：急な話であったばかりでなく，７月から直ぐに実施ということで驚きました。それに交渉については快諾というわけではありません。運賃交渉の常套手段かもしれませんが，他社への変更をちらつかされながらの交渉であったと常務から聞かされています。そんなやり方は，交渉と言うより脅しじゃないですか。私も長年，

トラック輸送に関わってきましたが，荷主とトラック会社の関係は信頼関係が前提なんです。大切な荷物をお預かりして，安全に目的地まで運ぶため，私たちも命がけで仕事をしているんです。私が作成し，常務に持たせた原価計算の資料も殆ど検討してもらえなかったと聞いています。事情はわかります。（声を強めて）だが，うちだってカスミを食って生きているわけではありません。そのうえ，私自身が交渉の席に出たいというのに，まだ出番じゃないといって拒否されました。こんなことは初めての経験です。昔は，荷主の社長と一対一で渡り合ったものでしたがね。

物流部長：それは申し訳なかった。だが，佐野さん。バブル崩壊後，物流もコスト・ダウンを強く求められるようになっているのです。それはわが社だけでなく，多くの荷主，トラック会社についても同様です。「原価計算書を検討してくれなかった」とおっしゃいますが，それなりの理由があるのです。それだけでは駄目なんです。運賃交渉ばかりでなく，物流について積極的に研究し，社内管理体制を整備し，さらに新たな物流戦略を荷主に逆提案してくるところもあるぐらいなんですよ。おたくは，そうした改革を着実に進めていますか。佐野社長，私が，あなたからのゴルフへのお招きや夜の招待を断り続けているのも，人間関係ではなく，仕事を中心とした物流部門の改革を実現したいと考えているからなんです。そのあたりのことをご理解願いたいのです。

一郎常務：安藤部長。申し訳ありません。社長は，自分流のやり方でここまできたものですから。

佐野社長：いや，どうも。仕事のことになるとつい力が入ってしまって。失礼なことを申しました。しかし，私はこういう人間なんです。今度ゆっくり折りを見て酒でも飲みながら，物流についてのお考えをお聞かせ下さい。新年そうそう，お騒がせして申し訳ありませんでした。失礼します。

5．物流副部長からの電話

　会社に帰った一郎常務に夕方，羽鳥物流副部長から電話がかかってきた。

物流副部長：一郎常務，今日はどういうことだったんだい。参ったなあ・・・。部長はたいそう怒っていたよ。僕も，「業務の実質的な担当者として，交渉をもっと上手にまとめてくれなければ困る」と厳しく叱責されたよ。君は，社長に交渉経過を十分説明していなかったのではないかい。頼むから，うまくまとめてくれよ。またこんなことがあったら，僕も部長に他社への変更を提案しなきゃならなくなるからね。

一郎常務：本当に申し訳ありませんでした。あんな話になるとは考えてもいませんでした。まだ昨年の交渉についての不満が残っているようなので，会社を出るとき，今日はその話に触れないように言っておいたんですが・・・申し訳ありませんでした。

物流副部長：社長はまだまだお元気でしょうが，君も将来に備えて徐々に会社内の整備を進めたほうがいいと思いますよ。

一郎常務：ありがとうございます。お恥ずかしいことですが，わが社は，頭ができないうちに体だけが大きくなってしまったような会社ですから，社長もいままでのやり方を変えようとしないし，部長たちもこのままの状態を続けられればそれでいいという姿勢なのです。配車係もドライバーたちになめ切られていますし，全てが成り行き任せなのです。私も意欲はあるのですが，どこから手をつけてよいのか分からず悩んでいるところなんです。

物流副部長：どこも同じようなものなんだろうけれども，悩んでばかりいても始まらないと思いますよ。早くしないと，大変なことになってしまいます。

電話を切った一郎常務は，電話がかかる前に，一人のドライバーから配車や倉庫での荷物の積み下ろしについての愚痴とも不満ともつかない話を30分近くも聞かされた自分の姿を思い出し，「自分は今何をしなければいけないのか」と事務所で一人つぶやき，携帯電話のベルが鳴るのをそのままに考えに耽っていた。

（設問）
1．ケースにおける問題点を挙げて下さい。
2．佐野運輸のマネジメントに関する諸問題について議論して下さい。
3．佐野太郎社長のマネジメントについて議論して下さい。
4．佐野一郎常務は，今後何をすることが求められていますか。
5．トラック会社の経営には，今何が求められているかについて議論して下さい。
6．このケースから，マネジメントの問題として何を学ぶことができたか議論して下さい。

ケース2 「佐野運輸株式会社：カスミでも食えというのか」

関係資料

I．佐野運輸が三河ゴムと契約した貨物運賃表（一部抜粋）：単位百円

運搬距離(km) \ 貨物重量(Kg)	300	500	700	1000	1500	2000	2500	3000
10	1200	1900	2800	3600	4300	4900	5500	5900
50	3000	5200	7000	10000	10500	11000	11800	12400
100	4900	8500	11400	16300	16600	16800	18400	19400
150	6000	10400	14000	20000	21200	22100	23000	23600
200	7000	12300	16400	23400	26100	26300	27200	27800
260	8200	14300	19100	27300	28800	30200	31500	32300
300	8900	15500	20800	25700	31700	33100	34400	35300

II．三河ゴムの1トン未満の貨物について，①佐野運輸が路線運輸会社に出した貨物重量と②佐野運輸が路線運輸会社に支払った支払総額（平成7年7月以降）

	依頼重量（Kg）	支払額（円）
平成7年7月	62,568	1,379,042
8月	70,550	1,436,135
9月	84,583	1,743,978
10月	69,097	1,471,604
11月	77,677	1,550,408
12月	64,385	1,304,566
平成8年1月	78,517	1,573,949

Ⅲ. 佐野運輸の平成6年，平成7年度月間売上高および貨物扱い量

	（平成6年度）			（平成7年度）	
	売上高（円）	扱い量（Kg）		売上高（円）	扱い量（Kg）
4月	17,940,907	1,701,947	4月	15,773,877	1,648,377
5月	17,087,320	1,697,042	5月	15,502,786	1,640,945
6月	19,298,706	1,901,808	6月	15,898,047	1,612,164
7月	18,038,406	1,786,477	7月	15,203,296	1,527,322
8月	15,920,051	1,609,925	8月	12,614,970	1,304,532
9月	19,098,448	1,774,141	9月	17,972,521	1,792,565
10月	18,014,815	1,744,583	10月	16,804,021	1,648,326
11月	19,745,389	1,840,972	11月	15,737,615	1,675,201
12月	17,231,635	1,794,861	12月	14,536,981	1,607,547
1月	16,961,509	1,646,430	1月	13,864,655	1,442,753
2月	19,402,876	1,821,756	2月	15,331,275	1,540,430
3月	19,482,043	1,920,651	3月	14,990,011	1,458,725
合計	218,222,105	21,240,623	合計	185,230,046	18,898,887

ケース3
「太陽燃料株式会社・四国支店：入札価格の交渉」

1．会社概要

　太陽燃料株式会社（以下，太陽燃料と略称する）は，1976年，総合商社・太陽興産株式会社（以下，太陽興産と略称する）のエネルギー部から石油製品の国内販売部門が分離独立した会社であり，株式の100パーセントを太陽興産によって所有されていた。1985年太陽燃料は，太陽興産からLPG（Liquefied Petroleum Gas）部門業務の移管を受け，石油製品とガス製品を扱う総合エネルギー商社として業務を発展させた。同社が取り扱う石油商品は，①石油元売会社から調達するガソリンをはじめ，②灯油，③軽油，④A・B・C重油，⑤アスファルト，⑥潤滑油などであり，LPGに関しては元売会社として海外より直接購入した①プロパンガス，②ブタンガス，③オートガスなどがあった。同社は1995年現在，資本金20億円，従業員350人，前年度総売上高は約550億円であり，東京本社の他に全国に12の支店，その他に31の関連卸会社と首都圏を中心に約700軒のガソリンスタンド特約店を所有していた。

＊このケースは，吉田優治（千葉商科大学教授）が集団討議の基礎となるよう作成したものであり，組織や管理についての正しい（望ましい）処理とか誤った（望ましくない）処理の実例を示そうとしたものではない。このケースは関係者へのインタビューおよび関係資料に基づき作成されているが，教育的視点から一部脚色されている。ケースにおいて使用されている人名，会社名，地名，数値などはすべて仮装されている。このケースの著作権はジャパンケースバンク（JCB）によって所有されている。ケースをコピーして無断使用することは認められない。ケース使用にあたってはJCBの許可とこの注記を付すことが必要である。

2．四国新支店長の就任

　1995年4月1日，東京本社・特約店部長の斎藤一郎が四国支店長に就任した。四国支店は，四国地方全域におよぶ営業販売活動を担当しており，売上規模では全国第七位の支店であった。同支店は，支店長，支店次長，支店長補佐，特約店課長，液化ガス課長，産業エネルギー課長を含め社員18名，女性パート4名の総勢22名で構成されていた。

　斎藤支店長は1970年に東都大学経済学部を卒業後，太陽興産に入社，それ以降，エネルギー部において主に重油の輸入業務を担当していた。1985年に太陽燃料へ出向してからは，同社東京本社でガソリンスタンド関連の特約店課長を6年間，同部長を4年間経験していた。

　4月1日午前，斎藤支店長は，前四国支店長で同日より東京本社・販売企画部長に就任する守屋正男から事務引継ぎを受けた後，支店社員に支店長就任の挨拶をした。そして最後に次のように語った。

　私にとって支店勤務ははじめての経験ですし，石油製品以外のことについてはこれまで未経験ですので皆さんからいろいろ教えてもらわなければならないでしょう。特に，LPGについては直接扱ったことがないので，この1か月間は，顧客への挨拶まわりを積極的に行うことによって，当社に対する顧客の方々の要望を直接伺いながら，営業販売活動の特性を理解しようと考えています。顧客訪問には，担当者に同行してもらうことになります。その際，支店長の私が先方と話し合ったり，解決しなければならないことがある場合には，事前に教えておいて下さい。微力ではありますが，支店長としての職責を全力で全うする覚悟でありますのでどうぞ宜しくご協力願います。

3．山田市営ガス会社への就任挨拶

　斎藤支店長は同日中に地元取引金融機関への着任挨拶を済ませ，翌4月2日には液化ガス課主任の西　義男を伴い，山田市営ガスを訪問した。

　山田市営ガスは，山田市が経営する公営ガス事業で，個人と企業あわせて約25,000戸に都市ガスを供給していた。同市営ガスでは，熱効率向上とガスの安定供給のため都市ガス原料を石炭から軽油へ，さらに軽油からナフサへと転換してきたが，1973年と1978年のオイルショックによるナフサの品不足と価格高騰，製造原価の低減と製造能力向上のため，1978年にはブタンへと原料転換を行っていた。

　太陽燃料の四国支店・液化ガス課は，課長，係長，主任，地元採用の女子社員の4名から構成されていて，四国地域での①プロパンガス（LPGの代表的成分であり，一般的にはボンベに詰め，家庭用暖房・厨房用燃料として利用される），②ブタン（LPGのもう一つの主成分，都市ガス原料の他にプラスチックやナイロンの化学工業用原料としても利用される），③オートガス（プロパンとブタンの混合ガスで，経済性に優れ業務用車を中心として使用されている）の販売を担当していた。

　同課の年間総売上高は，過去10年間，平均して約20億円から25億円のあいだであり，製品別売上割合はおおよそプロパンガス6，ブタン3，オートガス1であった。同課は，四国地域にある都市ガス会社14社にブタンを販売していたが，山田市営ガスには年間約2,500メトリクトン（1メトリクトン＝1トン）のブタンを販売していた。

　山田市営ガスは，公益事業という性格から，ブタンを太陽燃料を含む入札指名業者7社から購入していた。山田市営ガスへの太陽燃料の取扱量は，他社と比較しここ10年間は7社中3位であった。しかし，上位2社が関連卸会社を通じて間接的販売であるのに対して，直接販売であったので，実質的な取扱量では7社中1位であり，業界用語でチャンピオンと呼ばれ，価格決定

に大きな発言力を持っていた。

　西　義男主任は，東西大学商学部を卒業後，1991年に太陽燃料に入社後，四国支店液化ガス課に配属され，これまでLPG輸送のためのタンクローリー手配を主たる業務としていた。彼は，大学時代に体育会サッカー部主将，さらに学生自治会の執行委員長を務めるなど活発な学生生活を送り，大学卒業式には学長から大学に最も貢献した卒業生に贈られる最優秀卒業生アウォードを受けていた。

　斎藤支店長は，西主任の運転する営業車で山田市営ガスに向かう車中，西主任から同市営ガスとの間で1994年度（1994年4月1日より1995年3月31日まで）の納入済ブタンの価格変更交渉が継続中であることを知らされた。西主任の話しを要約すれば以下のようであった。

1．山田市営ガスは，公営事業であるため原料購入に際しては指定入札制度をとっている。
2．1994年度の入札については，1994年3月，山田市営ガスは，全国的に認められた標準単価（具体的には，大日本石油が東北地域の中小ガス会社によって構成されるガス原料共同購入組合との間で契約された単価であり，それは同組合のガス原料購入量が，その他の企業や共同購入組合に比べてきわめて大量であることから，わが国の標準単価決定に大きな影響力を持つようになってきていた）を参考に，四国地域における山田市営ガスと同規模の他のガス会社と相談の上，入札指定業者7社に1メトリクトンあたりの希望入札単価を伝えた。1994年度の希望入札単価は33,000円であった。
3．1994年4月中旬，入札に参加した指定業者7社と山田市営ガスとの間に売買契約が取り交わされ，総数量，価格，納入場所などが決定された。しかし，契約書には「経済情勢の変動により価格変更を必要とする場合には，両者が協議のうえ決定するものとする」という但し書きが明示されているから，この時点での契約内容であった，価格1メト

リクトンあたり33,300円，総数量2,300メトリクトンはともに仮契約という性格のものであった。
4．翌1995年3月初旬から4月中旬にかけて，1994年度の総実績数量2,500メトリクトン，さらにブタンの輸入価格の変動を勘案し，チャンピオンと呼ばれ指定業者である太陽燃料と山田市営ガスの担当者間で価格交渉を改めて行い，売買契約の一部を変更する契約書を取り交わし，最終的な価格を決定する。決定された新価格は，チャンピオン入札指定業者から他の入札指定業者に電話で伝えられ，他の入札指定業者は新価格を中心に1メトリクトンあたり上下250円以内の幅で新価格を山田市営ガスとの間で交渉し決定した。契約書の取り交わしが新年度の4月にずれ込んだ場合でも，契約書の締結日付は形式上3月31日とする。こうした契約方法がこれまでの慣行となっている。
5．最終的な価格交渉については，これまで山田市営ガスの高橋資材部長と太陽燃料の守屋前支店長の間で行われてきた。しかし，守屋前支店長はすでに異動の内示を受けていたので，1994年度の最終価格交渉を液化ガス課長が引き継ぐことになった。同課長は3月上旬に一度だけ高橋資材部長と価格交渉を行ったが，その後，内臓疾患で緊急入院しなければならなくなったことから，液化ガス課主任で同市営ガス担当の西主任が急遽価格交渉を担当することになり2度にわたり高橋資材部長と最終価格交渉を行ってきた。高橋資材部長は，1メトリクトンあたり33,200円を主張したのに対して，西主任は1メトリクトンあたり33,600円を主張して譲らず，両者平行線のまま交渉は暗礁に乗り上げていた。そのため，次回の交渉時には，両者がより明確な根拠をあげて価格交渉を継続する予定になっていた。

斎藤支店長は，「価格交渉も含めて，支店長の私が先方と話し合う問題があるなら言ってくれ」と西主任に話したが，西主任は「今日は支店長の就任挨拶ということですので，価格交渉については後日，日を改めて伺います。

問題があればその時ご相談させていただきます」と返事をした。

　西主任は事前に高橋資材部長に面会の予約をしていたが，急用が出来たとのことで，前田資材課長が斎藤支店長に面会した。一通りの挨拶が済むと，前田資材課長は，西主任に「高橋部長から手渡してほしいと頼まれた」と言って一枚のメモを差し出した。そのメモには以下のことが走り書きされていた。

　　太陽燃料（株）　西　義男様

　　　　ブタンの購入実績総量および決定単価の件

　　1994年度の最終価格を以下のように決定しました。4月7日までに請求書をお持ち下さい。今度一杯やりましょう。

　1．1994年度の年間購入実績総数量　　2,500メトリクトン
　2．決定単価　　　　　　　　　　　　33,300円／1メトリクトン
　3．総額（消費税別）　　　　　　　　83,250,000円

　　　　　　　　　　　　　　　　　　　　　　　　　　　以上

　　　山田市営ガス株式会社
　　　　資材部長　　高橋昭男　1995年4月2日

メモを読んだ西主任は，前田資材課長に次のように語った。

西主任　：これは，どういう意味なんですか。1週間前にも1メトリクトンあたり33,600円の希望単価を資材部長に申し入れしたばかりではありませんか。こうして一方的に単価を決定するのでは価

格交渉とはいえません。それに，交渉していた当事者が最後に出てこないなんて失礼ではないですか。私は若造ですが，それでも会社を代表して御社との価格交渉にのぞんでいるんです。この決定には納得出来ません。

資材課長：ご承知のように，税務署に仮価格を本価格に修正して3月中に申請し直さなければなりませんでしたから，わが社としても単価決定を急いでいます。単価決定が4月にズレ込んだのは8年ぶりのことでしたから。いつもなら近隣の都市ガス会社の決定内容を参考にしながら，遅くとも3月20日までには決定していました。しかし，今年の場合は，御社の担当者が2度も替わったり，西さんが33,600円にこだわるものだから，こちらとしてもいつもと勝手が違いましたよ。

西主任：単価決定を延ばしたのは当方に責任があるかもしれません。しかし，私が言いたいのは，こんなやり方で単価を一方的に決められたのでは，今までの交渉の意味もないし，私の立場もありません。それに，次回の交渉で希望単価決定の根拠をお互いに提示することになっていたではないですか。

資材課長：最終的単価決定は，これまでも他地域，あるいは近隣の都市ガス会社の状況を睨みながら「あうん」の呼吸で決めてきたんですよ。いまさら，決定の根拠がどうのこうのと言ったって・・・。だいたい取引数量が決まれば，自然と最終価格も決まるんじゃないんですか。都市ガス事業は公益事業の性格が強いから，ブタンの購入は御社を含め7社から行っています。おたくがチャンピオンだってことはよく承知していますが，うちはどこが今後チャンピオンになったって構わないです。だけれど，この業界は，単価が少しばかり高くても安くても，長いお付き合いをして互いに助け助けられる関係を大切にしていることも忘れないで下さいよ。それに政府の方針で今後,液化天然ガス（LNG）

への転換も迫られているし，そのために今後莫大な費用が必要になるから，少しづつでも資金を蓄えなければならないんです。不況の影響を受け地場産業も不振で税収も落ち込んでいるし，市長が公益事業も含めて納品価格の見直しや絞り込みを議会で約束していることですし，こんなところで手を打ってくれませんか。

西主任　　：その程度のことなら私だって理解しています。私がおかしいと言っているのは，こんなメモ一枚を渡されて，「はいそうですか」といって帰れと言うのですかということです。もう少し違うやり方があるのではないですか。

資材課長　：太陽燃料さんには，ブタンの安定供給をしていただきありがたく思っています。しかし，価格についてはこんなところではないですか。西さん，今朝高橋部長は，このメモを私に渡しながら「西君も業界のことをもっと知って欲しいな。忙しいのに西君と何度も価格交渉をしたのは，西君の一生懸命さに打たれたからだ」と言っていましたよ。だけど斎藤支店長，来年からはあなたが直接に担当してもらえませんか。

西主任　　：私が言いたいのは，・・・。

斎藤支店長：西君，よしなさい。前田課長，西が生意気なことばかり言って申し訳ありませんでした。詳しい状況が分からなかったから黙っていましたが，おおよその状況を理解することができました。御社には，交渉担当者の二度にわたる変更や西の度重なる交渉要求でご迷惑をおかけし申し訳ありませんでした。日頃の私どもの教育が足りないことを痛感させられました。西には私から厳重に注意しておきます。高橋部長には宜しくお伝えください。日を改めまして伺わせていただきます。なお，今日いただいた単価については，喜んで受けさせていただきます。長いお付き合いになると思いますがどうぞ宜しくお願い申し上げます。

ここまで言うと斎藤支店長は西を促すように席を立ち，応接室を出ていった。支店へ向かう車の助手席に座った斎藤支店長は，「申し訳ありませんでした」と謝る西主任にただ目を閉じて沈黙し続けるばかりであった。

(設問)
1．あなたが斎藤支店長の立場にあれば，西主任にどのような対応をしますか。それは何故ですか。
2．LPG売買の特殊性について述べてください。
3．前田資材課長の発言についてどのように感じますか。それは何故ですか。
4．西主任の発言についてどのように感じますか。それは何故ですか。
5．斎藤支店長の発言をどのように評価しますか。
6．あなたが斎藤支店長の立場にあれば，西主任に対してどのような指導をしますか。それは何故ですか。
7．このケースを通じてマネジメントの問題として何を学ぶことができたか述べてください。

ケース 4
「東京航空株式会社：新人スチュワーデスの困惑」

1．東京航空への入社

　1980年秋，青葉大学英文学部4年生の吉川恵子は，東京航空株式会社（以下，東京航空と略称する）から国際線客室乗務員（スチュワーデス）の採用内定通知を受け取った。彼女にとってスチュワーデスは憧れの職業であったが，両親は危険の多いことを理由に就職に反対していた。彼女は，飛行機事故の発生率は自動車事故より低いこと，給与水準も高く，仕事を通じて世界を旅することができること，家族にも無料航空券提供の特典があること，そして何よりも自分を生かすことができる職業であるなどの理由を挙げ，両親を納得させた。彼女は1981年3月に大学を卒業，同年4月1日付けで国際線客室乗務員として東京航空に入社した。

2．東京航空の沿革

　東京航空は，1953年10月，「東京航空株式会社法」に基づき設立された国内線および国際線を運航する航空会社であった。同社は，政府からの厳しい監督を受けながらも，政府出資や債務保証などの措置により優遇され，世界各地に航空路線を拡げ，1981年度の貨物を含めた輸送量実績では，IATA

＊このケースは，吉田優治（千葉商科大学教授）が集団討議の基礎となるよう作成したものであり，組織や管理についての正しい（望ましい）処理とか誤った（望ましくない）処理の実例を示そうとしたものではない。このケースは関係者へのインタビューおよび関係資料に基づき作成されているが，教育的視点から一部脚色されている。ケースにおいて使用されている人名，会社名，地名，数値などはすべて仮装されている。このケースの著作権はジャパンケースバンク（JCB）によって所有されている。ケースをコピーして無断使用することは認められない。ケース使用にあたってはJCBの許可とこの注記を付すことが必要である。

（国際航空運送協会）加盟航空会社中，第2位の地位を占めるまでに至っていた。

　従業員数は，約21,700人であり，その内訳は地上職員約15,000人（68％），客室乗務員約4,700人（22％），運航乗務員約2,000人（10％）であった。男女の比率は，機長，副操縦士，航空機関士などの運航乗務員はすべて男子であったが，地上職員の男女比は5：1，客室乗務員は1：9であり，スチュワーデスやアシスタントパーサーなどでは女子職員が圧倒的であった。月額平均給与は，地上職男子31万7千円，客室乗務員男子49万円，運航乗務員83万6千円であった。客室乗務員の給与には，基本給に乗務手当，パーディアム（出張旅費）などの付加給などが加算されており，男子地上職員の給与より多い者も少なくなかった。同社は，東京本社の他に，国内支店・営業所，海外64都市に事業所を持ち，86機の航空機を所有していた。1981年，東京航空株式会社法が一部改正され，政府出資に対する株式配当が義務づけられ，東京航空は民間企業への体質改善を強く求められていた。

　同社には，全東京航空労働組合（全労と略称。組合員：地上職員約10,000人と客室乗務員約2,000人），東京航空客室乗務員組合（客乗組合と略称。組合員：客室乗務員約2,700人），東京航空乗員組合（乗員組合と略称。組合員：副操縦士や航空機関士約1,500人），東京航空労働組合（東労と略称。組合員：地上職約360人）の四つの労働組合があった。このうち，全労は同盟系の全日本航空産業労働組合（航空同盟）に，そして東労は総評系の日本民間航空労働組合連合会（民航労連）に加入していた。

3．札幌支店における地上業務訓練

　吉川恵子は，2週間にわたり同期入社の20名と共に羽田の客室乗務員訓練センターにおいて新入社員教育を受けた後，1981年4月17日付で嵐　信子と札幌支店・国内予約課にスチュワーデス訓練生として配属され，約5か月間の地上業務訓練を受けることになった。会社側の説明によれば，地上業務訓

練の目的は，客室乗務員として採用された新入社員に，国内支店・営業所での予約や発券の業務，空港カウンター業務やグランドホステスの職務などを通じ，他の職種の人々と協働し，会社全体の視点から仕事の意義を理解させることであった。

　吉川と嵐の宿舎は，札幌支店から地下鉄で10分の円山公園駅近くにある2LDKのマンションであった。このマンションは，大手企業の単身赴任の札幌支店長が多数入居しており，出勤時間には玄関前に出迎えの高級社用車が並ぶことで有名であった。吉川は，「会社がこれほど私たちを大切にしてくれるとは考えてもいませんでした。良い会社に入れて幸せです」と両親に手紙を書き送った。

　札幌支店・国内予約課には，国内線のドル箱といわれる「羽田―千歳線」の予約や問い合わせが多く，電話は毎日朝から晩まで鳴りっぱなしの状態であった。1981年4月25日，客乗組合は，国内線を中心に春闘24時間ストを決行した。そのため，終日千歳空港の発着便は混乱し，運休便も相次いだ。予約課には，朝から苦情や問い合わせの電話が殺到した。吉川恵子は，「重要な仕事に支障をきたす。どうしてくれるんだ」と怒鳴るビジネスマンや，「母親が危篤なのです。どうしても会って一言お礼を言いたいのです」という学生の電話などを受け，電話先の相手に頭を下げ続けた。電話受付が終了した午後9時には，吉川は疲労困憊していた。吉川は嵐と一緒に，木村（国内予約）課長と田中主任に「ご苦労さまでした。夕食でも一緒にしませんか」と誘われ，支店近くの郷土料理店で遅い夕食をとることになった。話題はその日の客乗組合のストに集中した。木村課長と田中主任は，吉川と嵐に同社労組の分裂と統一の経緯，運動方針の違いについて説明した。

木村課長：客乗組合は，いったい自分たちを何様だと思っているんだろうな。もういい加減にして欲しいよ。お客様から文句を言われるのはわれわれなんだからね。

田中主任：君たちも分かっただろう。彼らは自分勝手なんだ。地上のことと

なんて考えてないだ。いまどきストをやる会社なんてあるかい。時代遅れだよ。国鉄だってストを回避するご時勢なんだ。それに，ジェット燃料費の高騰，福岡空港での事故による需要の落ち込み，公租公課の増大，アメリカ大手航空会社の太平洋路線参入など，わが社を取り巻く環境は厳しくなるばかりだ。いつまでも「わが社は安泰」ではないってことを，彼らは分かっているのかなあ。

吉川恵子：組合問題がこんなに深刻だとは思ってもいませんでした。入社早々，こんな経験をするなんて，これから先が思いやられます。

嵐　信子：会社側にも問題があるんじゃありませんか。

木村課長：どの会社にだって問題はあるよ。うちだって例外ではない。しかし，ストライキまでしなくてもいいと思うけどな。組合の執行部だけが独走してるんだ。客乗組合の主張は，初めから喧嘩ごしだ。階級闘争だよ。客乗の執行部にはある政党が絡んでいると言う噂だけれど，会社を守るのはわれわれ社員じゃないか。イデオロギーで会社は守れませんよ。・・・それに4，5年で退職する人たちにも，一生を会社に託そうとしているわれわれ地上職員の気持ちを分かってもらいたいね。

吉川恵子：確かに，一日中お客様からの苦情を聞いていると，ストはしないほうがいいと思います。・・・しかし，実際に乗務してみないと分からないこともあるんじゃないのですか。

田中主任：確かに，女性が飛行機の中で何時間も立ちづくめで働くのが辛いことは分かるよ。だが，それを承知でスチュワーデスになったんだろう。基本給は少ないと言うが，乗務手当てや出張手当を加えれば，手取りはわれわれより多いのだからね。通勤には，タクシー配車もある。本社の部長だって満員電車で通勤しているというのにね。・・・訓練中なのに君たちには立派なマンションが用意されているじゃないか。君たちが客乗組合に加入するかどうかは，君たちの決めることだ。だが，ストは止めてほしいね。

木村課長：田中君，組合の話はよそう。2人の歓迎会も済ませていないのに，会社の恥を晒しているようで恥ずかしくなる。今日は，希望に燃えて入社した2人の将来を祝して飲むことにしよう。

　国内予約課は，初夏から初秋にかけ，大波のように押し寄せる観光客のため，多忙な日々が続いた。しかし，吉川と嵐の2人は，支店職員に溶け込み，ススキノのナイトライフや，休日のテニスやドライブなどで札幌生活を楽しんだ。吉川と嵐は，札幌支店地上業務訓練終了日の前日（9月20日）に行われた送別会で，特に仲良くしていた全労の支店組合代議員から，全労客乗支部への入会を勧められた。2人は，加入申込書にサインした。
　全労客乗支部は，1975年，客乗組合の活動を過激な闘争主義として批判，脱退した36名の客室乗務員と，これと同じ時期に地上職から職種変更された訓練中のスチュワーデス31名が全労の支部組織として結成したものであった。1982年当時，全労客乗支部には約2,000人，客乗組合には約2,700人のメンバーがいたが，ここ数年，全労客乗支部の組合員数が急激に伸びていた。全労客乗支部は，全労が掲げる産業民主主義を活動理念の一つとし，客乗組合と対立していた。一方，客乗組合は，労使協調路線をとる全労客乗支部を「御用組合」と批判し，両者は，ビラやパンフレット等の情宣物を使って互いに批判し合い，組合員獲得を競い合っていた。

4．吉川恵子の初フライト

　地上業務訓練を終了した吉川恵子は，羽田の客室乗務員訓練センターに配置され，3か月間の客室専門訓練を受け，さらに1か月間のOJT訓練フライトの後，1982年2月から正式な国際線客室乗務員としての仕事を始めた。
　国際線客室乗務員約2,500名は168のグループに分けられ，管理職である10人の先任チーフパーサーが，グループ間の調整にあたっていた。吉川が配属されたグループ136は，チーフパーサー1名，パーサー2名，アシスタント

パーサー10名，スチュワーデス7名の計20名から構成されていた。グループ136のチーフパーサーは丸田幸子（1960年入社）であり，佐藤信彦パーサー（1968年入社）と大島市子パーサー（1972年入社）が補佐していた。丸田と佐藤は全労客乗支部のメンバーであったが，大島は客乗組合のメンバーであり，組合代議員でもあった。

　吉川の初フライトは，成田発アンカレッジ経由ニューヨーク行きのジャンボジェットであった。吉川が，フライトを終え，アンカレッジのホテルに到着し，部屋で疲れた体を休めようとベッドに横になると電話が鳴った。大島パーサーからの電話であった。

大島パーサー：お疲れさま。今日の初フライトはどうでした。
吉川恵子　　：何がなんだか分からないうちにアンカレッジに着いてしまいました。先輩の皆さんに御迷惑かけたのではないかと心配しています。これからも宜しくお願いします。
大島パーサー：初フライトは誰でもそういうものよ。でも，あなたは動作が機敏で，気配りも良いと，皆あなたを誉めていたわ。アンカレッジは初めてでしょ。アラスカサーモンの美味しい店があるから一緒に行かない。
吉川恵子　　：ありがとうございます。でも，フライト中に佐藤パーサーが，今夜，丸田チーフとの食事に誘って下さったものですから・・・。
大島パーサー：・・・そうなの。佐藤さんは，新人と客乗組合の人間が接触するのを嫌っているから，あなたを囲い込もうとしているんじゃないかしら。あなた，地上業務訓練中に全労に加入させられたんじゃないの。
吉川恵子　　：はい，全労に加入しましたが，強制されたわけではありません。
大島パーサー：やはりね。彼は，あなたが私たちの話を聞いて客乗組合に鞍

　　　　　　　替えするのを恐れているのよ。ここ半年の間に、グループ136から新人が3人も全労を脱退して客乗組合に入ったものだから、警戒しているんだと思うわ。佐藤さんは、チーフパーサーへの昇格の時期だし、会社からの評価を上げようと必至なのよ。自分のグループから客乗組合に続けて4人も入られたら評価が下がっちゃうものね。会社は、客乗組合の人間に昇格で差別しているの。私なんかは開き直っちゃってるから会社なんか怖くないけど。あなたはなぜ、全労に入ったの。

吉川恵子　　：昨年のストのとき札幌の国内予約課にいてお客様からの沢山の苦情を聞かされました。お客様ばかりでなく、地上職員の方たちも迷惑していました。それで客乗組合は過激だと感じたんです。送別会で全労の代議員から加入を勧められ、申込書にサインしたんです。

大島パーサー：会社が新人をすぐにライン・アウトさせずに5か月間も地上業務訓練をするのは、訓練中に全労に加入させるためなの。全労は、会社と一心同体で、客乗組合を潰すための手先なのよ。会社は、客乗組合には新人の氏名や配属先、住所も教えないの。会社が用意してくれた部屋に電話がないのは、客乗組合との接触を恐れているからなの。それに、専門訓練の教官も、全員、全労客乗支部のメンバーで固め、私たちとの新人が接触できないようにしているの。そんなことするなんて、自分たちに自信がない証拠だわ。あなたは、組合についてどう考えているの。

吉川恵子　　：よく分かりません。しかし、ストには賛成できません。会社と十分に話し合えば解決する問題も多いんじゃないんですか。

大島パーサー：私たちもストなんかやりたくないわ。でも、自分の職場は自分で守らなくちゃ。腰痛に悩んでいる人が大勢いるのに、会社は何の対策も講じようとしないのよ。ジャンボの客室乗務

員を17人から15人に削減しようとしていること知ってる。全労客乗支部は，御用組合だから，ある程度の合理化は必要だと賛成しているけれど，これ以上の労働強化につながる合理化には反対すべきよ。うちのグループなんか，丸田チーフパーサーが座ったままで全然働かないから，今でも実質16人体制よ。彼女には，スチュワーデスが肉体労働だっていうことが理解できないの。リーダーシップもないし管理者としては失格よ。こんな状態のままで15人編成になったら，お客様へのサービス低下は明らかでしょう。

吉川恵子　　：客乗組合は，政党色が強いと言われていますが。
大島パーサー：会社の勤労部や全労の人達は，客乗組合の執行部が特定の政党に関わってるように言うけれど，それは組合潰しのためなのよ。組合員のなかには，政党と関わっている人もいるでしょうけど，それは個人の自由でしょう。客乗組合は，これまで特定政党から何の介入も受けてないわ。
吉川恵子　　：待ち合わせ時間ですので行かなければなりません。せっかくお誘いいただいたのに申し訳ありません。今度ゆっくりお話を聞かせて下さい。
大島パーサー：これからも一緒に仕事をしていくんだから，この問題はお互いが納得するまで話し合うことが必要ね。うちのグループでは，アシスタントパーサー6人，スチュワーデス4人が客乗組合のメンバーだから，何か心配ごとでもあったら力になるから話してよ。ニューヨークでは，一緒に食事をしましょう。

　吉川恵子は，急いでロビーに降りると，チーフパーサーの丸田とパーサーの佐藤が吉川を待っていた。3人は，タクシーに乗ってシーフード料理で有名なレストランへ向かった。

吉川恵子　　　：お誘いいただいたのに，遅刻して申し訳ありません。憧れの丸田チーフとお食事が出来るなんて夢のようです。
丸田チーフ　　：疲れてベッドで寝込んでしまったんじゃないかと心配していたのよ。
吉川恵子　　　：電話があったので遅くなりました。
佐藤パーサー　：大島君からの電話だったんじゃない？
吉川恵子　　　：はい。食事に誘って下さいました。
佐藤パーサー　：新人が入ってくるといつもそうなんだ。食事に誘うふりをして，4，5人で新人を囲み，客乗組合への加入を説得するんだよ。去年も新人3人が根負けして客乗組合に入ってしまったんだ。全労客乗支部が客乗組合を逆転しそうな状況だから必至なんだ。逆転は時間の問題だけどね。
丸田チーフ　　：寝ても覚めても「組合，組合」。嫌になるわ。私たちが吉川さんと食事をすることだって，彼女たちは「新人の囲い込み」なんて言って非難するはずよ。組合問題には，過敏にならないで呑気にしてるのが一番よ。
吉川恵子　　　：グループで一緒に食事をすることはないんですか。それにフライト中の仕事に支障はないんですか。
佐藤パーサー　：ワンフライトに一度は全員で食事をしようと言うことになっている。でも，組合問題が話題になることはないね。皆，暗黙のうちに避けているみたいなところがあってね。仕事中は，プロ意識を持って働いているから，組合のことで問題が起きるようなことはまだない。だが，こんなことでいがみ合っていたら，わが社はどうなってしまうのだろうかと不安になるよ。吉川君も大変だろうけど，何かあったら協力するから遠慮なく私たちに相談して下さい。

5．先輩との朝食

　翌朝，吉川恵子がカフェテリアで朝食をとっていると，一年先輩のスチュワーデス金子広美が，「ご一緒していい」と言って同じテーブルに座った。

金子広美：昨日，チーフたちと食事をしたんですって。どんな話が出たの？
吉川恵子：スチュワーデスの心構えとか，時差の調整方法とか，ステイ先での過ごし方とか教えていただきました。
金子広美：組合の話しも出たでしょ。隠さなくてもいいのよ。去年の秋に私も経験したばかりだから。毎日，毎日，組合のことばかりでうんざりしてるの。人間がだんだん小さくなっていくみたい。
吉川恵子：私も驚いています。
金子広美：昨日私は，大島パーサーたちと食事をしたんだけれど，組合の話ばかりだったわ。私も，地上業務訓練のときに全労に加入したんだけど，ステイ先のホテルで大島さんたちから客乗組合への加入を熱心に勧められて困ったわ。最初は「ハイハイ」って聞いていたんだけれど，しまいには面倒くさくなって全労を脱退して客乗組合に入ったの。どうせ，結婚するまでの仕事だと思っているから，ごたごたするのがいやでね。それに，うちのグループは，どちらかというと仕事の出来る先輩たちの多くが客乗組合員だから，にらまれると面倒だと思ったの。
吉川恵子：「イジメ」なんかあるんですか。
金子広美：それはないけど，仕事がしずらいってことはあるんじゃないかしら。噂だけれど，佐藤パーサーに説得されて客乗組合を脱退し全労に入った先輩が，仲間外れにされて退職しちゃったっていうことだし。でも，反対に私が客乗組合に移ったとき，佐藤パーサーから「君だけは信用していたのに，裏切られたよ」って言われ，

急によそよそしい態度をとられたわ。まあ，どちらにしても難しい意思決定ね。
吉川恵子：困りましたわ。
金子広美：思い切ってどちらかに決めてしまえばスッキリするんじゃない。私も最初は希望に燃えてスチュワーデスになったけど，もううんざりしちゃってるの。ボーイフレンドに相談したら，最初は驚いていたけれど，最近は「そんな会社辞めろ」って言うからあと1年ぐらい飛んで辞めようかと思っているの。父に話したら，経営者は何をしているんだと憤慨してたわ。もう泥沼みたいなものだから，私たちの力ではどうすることも出来ないのよ。丸田チーフ，佐藤・大島パーサーにしたって管理職じゃないから責任ないんでしょうけど，グループをまとめることより，自分の昇進のことや組合のことだけを考えているように思えるの。スチュワーデスの世界も外から見るのとは大違いね。
吉川恵子：本当にそうですね。ニューヨークに着いたら，また話を聞かせて下さい。

　吉川恵子は，空港へ向かうクルーバスから雪山を眺め，思わず「こんな筈じゃなかったのに」と呟いた。

（設問）
1. 東京航空株式会社の四つの労働組合のそれぞれについて，組合員，活動理念などを挙げ，それぞれの関係についても検討しなさい。
2. 吉川恵子の入社後の配置と，組合との関連を検討しなさい。
3. 大島パーサーと丸田チーフ・パーサー，佐藤パーサーの主張の違いについて検討しなさい。
4. グループ136における非公式組織，および権限と権威について検討しなさい。
5. 人事管理上の問題点を検討しなさい。
6. あなたが吉川恵子の立場にあれば，今後どうしますか。それは何故ですか。

7．金子広美の発言について検討して下さい。
8．あなたの職場における労使関係とこのケースに見られる労使関係を比較検討して下さい。
9．このケースから学び得るマネジメントの問題について論じなさい。

ケース5
「株式会社ジュエルフォト:在庫発生と米国進出」

1.会社の概要

　株式会社ジュエルフォト(以下,ジュエルフォトと略称する)は,1991年6月,創業40周年を迎えた。ジュエルフォトは,個人商店「ジュエル写真商会」として,当時37歳であった菅井太郎氏(現取締役会長)によって,写真用品の卸売を目的として設立されたが,時代のニーズに応じた菅井氏の「読み」と「行動力」によって急速に発展し,1961年には株式会社に改組,名称を現在の株式会社ジュエルフォトと改め,1971年には大阪府泉佐野市郊外にカメラ機器およびアルミ製ケースの製造を目的とする大阪工場を建設した。同社はその後も,次々と系列会社を設立,写真用製品および映像用製品の本格的な製造,販売を始めていった。以下は,その簡略な発展史である。

1976年　生産部門の強化・拡大を図るため,大阪工場を分離独立させ,ジュエル写真工業株式会社(1991年12月現在,従業員85名)を設立した。

1978年　東京都荒川区,ジュエル写真精工株式会社(1991年12月現在,従業員25名)を設立,カメラおよびビデオカメラ用三脚の製造を開始した。

1980年　ジュエル写真紙工株式会社(1991年12月現在,従業員17名)を設立,

＊このケースは、吉田優治(千葉商科大学教授)が集団討議の基礎となるよう作成したものであり,組織や管理についての正しい(望ましい)処理とか誤った(望ましくない)処理の実例を示そうとしたものではない。このケースは関係者へのインタビューおよび関係資料に基づき作成されているが、教育的視点から一部脚色されている。ケースにおいて使用されている人名,会社名,地名,数値などはすべて仮装されている。このケースの著作権はジャパンケースバンク(JCB)によって所有されている。ケースをコピーして無断使用することは認められない。ケース使用にあたってはJCBの許可とこの注記を付すことが必要である。

写真用紙工品の生産を開始した。
1981年　大阪のジュエル写真工業に新工場を設立，アルミ製ケース製造の他に，ABS樹脂製のソフトケースの生産を開始した。
1988年　台湾に寿絵留照相工業有限公司（1991年12月現在，現地従業員25名）を設立，カメラおよびビデオカメラ用三脚の海外生産を開始した。

　ジュエルフォトは，これら系列会社が製造する製品の企画，設計，販売を主たる業務としており，1991年12月現在，系列会社を除いた従業員数は105名（女子18名）であり，東京都台東区にある本社の他，大阪府泉佐野市に関西支店を開設していた。東京本社には総務部，国内営業部，貿易部，特需部があり，関西支店には総務部，営業部があった。1990年度の総売上高は73億5千300万円であり，その内訳は，東京本社の国内営業部25億4千500万円，貿易部4億3千200万円，特需部20億円，そして関西支店・営業部22億4千400万円であった。貿易部が行う輸出は，ドイツの総代理店との取り引きが中心であった。特需部は，近年の販売傾向として，カメラやビデオカメラなどのソフトケースを中心に，大手の電機会社やカメラ会社からのOEM（相手先ブランドによる生産）の伸びが顕著であったので，このOEMを主に取り扱う部門として，1989年，本社に新設された。ジュエルフォトの資本金は5千万円であり，株式の70％を創業者である菅井太郎会長とその家族が，残りの30％を東京中小企業投資育成株式会社が所有していた。創業以来，社長を務めてきた菅井太郎氏は，創業40周年と自らが喜寿をむかえたのを機に，1991年10月，長男で専務取締役であった菅井一郎氏（40歳）に取締役社長の地位を譲り，代表取締役会長に就任した。同時に，太郎氏は，系列会社の社長の地位も一郎氏に譲り，代表取締役会長に就任した。菅井太郎氏のもう一人の息子である次男の菅井二郎氏（35歳）は，ジュエルフォトの特需部長の地位にあったが，太郎氏の会長就任とともに取締役特需部長に選任された。同社の役員は，菅井太郎会長，菅井一郎社長（以下，一郎社長と略称する），

菅井二郎取締役（以下，二郎取締役と略称する），および取締役関西支店長の大野民男氏（55歳）の4人であった。

部課長会議は，隔月の第一月曜日に東京本社で開かれていたが，経営上の重要な意思決定は，通常，太郎会長，一郎社長，そして二郎取締役の三人によって行われ，その決定が部課長会議に伝達され，殆ど議論されることなく承認されていた。

2．大量在庫の発生

1988年，台湾に設立された寿絵留照相工業有限公司（以下，寿絵留照相と略称する）は，ジュエルフォトから出向した日本人の責任者と技術指導員2人が，25名の現地従業員を監督・指導し，1989年にはカメラおよびビデオカメラ用三脚月産2万本の生産体制を確立した。これによって，ジュエルフォト全体の三脚月産本数は，ジュエル写真精工株式会社（以下，ジュエル精工と略称する）の月産1万本と併せ月産3万本となっていた。しかし，1989年および1990年度上半期の三脚販売総数は，国内販売とヨーロッパ向輸出をあわせても月平均2万5千本程度しかなく，浦和にある倉庫には1990年12月末の上半期棚卸しの結果，三脚約8万本の在庫が明らかになった。

1991年1月7日（月曜日），午後からの部課長会議の準備のため会長室に集まった会長，社長，二郎取締役の3人は，大量の三脚の在庫問題をどのように解決するかについて話し合った。この話し合いで，具体的な解決案がまとまらなかったので，会長は，①ジュエル精工と寿絵留照相のそれぞれの月産総数は，他社とのコスト競争面から減らすことはできないし，②三脚に代わるべき製品の開発には時間がかかることから，（1）取り敢えず国内での販売活動に全力を傾注すること，（2）ジュエル精工と寿絵留照相の三脚生産はこれまで通り継続するという考えを述べた。一郎社長は，それを決定事項として部課長会議に報告し，国内営業部長に対して直ちに具体的対策の検討に入るよう指示した。

3．ラスベガス・カメラショウにて

　ジュエルフォトは，1991年1月10日から14日まで，アメリカのラスベガスで開催されたラスベガス・カメラショウに自社製品を出品した。このショウは世界中のカメラ関係者が集まることで有名であり，同社も2年前から出品参加していた。同社は，会長が「これまでの2度の参加で商談がまとまった実績はないが，日本の写真用製品製造会社も数多く参加しており，期間中には世界中から多くの人びとが訪れるから，長期的にみればジュエルフォトの宣伝にもなる」として出品を決定し，今回で3度目の参加であった。

　社長は，1991年1月7日夜，貿易部員2人とともに成田を発ち，ラスベガスへ向かった。一郎社長は，大学卒業後，1年間ほどアメリカを旅行した経験があったので，ショウのブースでもアメリカ人からの質問を手際よく処理することができた。

　ショウ最終日の午後，アメリカ人の中年男性が同社のブースを訪れた。彼は，展示してある幾つかの三脚を手にとり時間をかけて調べた後，一郎社長に「私はセオドア・クルーズと言う」と自己紹介をして，「先ずは手初めに三脚を1万5千本買いたい」とオファーしてきた。一郎社長は突然の申し出に驚いたが，ショウに参加以来はじめての商談であったので，会場内のカフェテラスにクルーズ氏を誘い，話しをすることにした。彼の語るところによれば，彼は54歳で，「4年前まで10年間，日本のカメラ部品メーカーのアメリカ現地法人で営業の仕事をしていた」と語り，「現在は独立し，夫人と二人でカメラ部品の販売をしている」とのことであった。また，クルーズ氏は，「取り扱う製品を質の高いものに限定し，今後さらに事業を拡張したいので，ジュエルフォトの三脚を扱いたい」と述べ，「これまでに培ってきた流通ルートを通じ，ジュエルフォトの三脚を月平均1万5千本程度，小売店やストアに販売したいと」語った。一郎社長は，「帰国の途中ロサンゼルスに立ち寄るから，その際に販売条件などの詳細を提示したい」と提案し，クルーズ

氏も同意した。

　1月15日（月曜日），一郎社長は二人の貿易部員とともにロサンゼルス，ハリウッドにあるクルーズ氏の事務所を訪れた。一郎社長は，クルーズ氏に「ジュエルフォトが交通費と宿泊代を負担するから，一度，日本のジュエルフォト本社を訪問するよう」に要請した。一郎社長はまた，「我が社の他の製品も見てほしい」こと，「大量の製品を取り扱ってくれるなら，ジュエルフォトの現地法人を設立し，その面倒を見てもらってもよい」とクルーズ氏に提案した。クルーズ氏は，少し考えてから「私にとってビックチャンスかもしれない。日本に行って最終判断をしたい」と答えた。

4．セオドア・クルーズ氏の来日

　一郎社長は，1991年1月16日（火曜日）に帰国して翌17日に出社し，会長と二郎取締役にクルーズ氏と彼の提案について話し，「三脚を月に1万5千本もさばける人はアメリカでもそう簡単には見つけられない。話半分としても，月に7千本も売れれば十分である。この機会に，わが社もアメリカに現地法人を設立し，新市場の開拓に挑戦してみてはどうだろうか。クルーズ氏が承諾すれば，彼をその責任者と考えても良いと思う」と提案した。一郎社長の話しを聞いた会長と二郎取締役の二人は，「クルーズ氏に会い，彼と話し合ってから決めたい」として態度を保留した。

　1月28日（月曜日），クルーズ氏はジュエルフォト本社を訪れた。クルーズ氏は，会長，一郎社長，二郎取締役の三人にアメリカの写真用製品市場について詳細な説明をした後，「これまでの経験から，品質が良ければ，アメリカ市場は間違いなく日本製品を受け入れるであろう。ジュエルフォトの製品と私の経験が結合されれば成功は疑いない」と力強く語った。三人はクルーズ氏の提案について協議した。翌1月29日，二郎取締役からこの話を聞いた取締役関西支店長の大野民男氏から，一郎社長に「計画に反対するわけでないが，もう少し，時間をかけて調査してから決定してもいいのではないな

いか」と電話がかかってきた。しかし，一郎社長は「時間をかけていては，在庫がたまるばかりだ。会長が決めたことだから協力してもらいたい」と述べた。

　1月30日（火曜日），ジュエルフォトとクルーズ氏との間に雇用契約が成立した。契約期間は現地法人の設立準備期間も含めて1年間，給与は年俸10万ドル（約1千300万円），その他，新車の貸与とガソリン代の支給という条件であった。ジュエルフォトとセオドア・クルーズ氏との間に交わされた協議書には，以下のことが含まれていた。

1．アメリカ現地法人の名称をジュエルフォト・アメリカとする。
2．事務所はカリフォルニア州ロサンゼルスの近郊に開設する。
3．ジュエルフォト・アメリカの設立および運営に必要な費用として百万ドル（約1億3千万円）を，太平洋銀行USAロサンゼルス支店を通じて融資する。
4．クルーズ氏が当初注文していた三脚1万5千本分の代金50万ドル（約6千5百万円）はその百万ドルのなかからジュエルフォトに払い込む。さらに，残りの50万ドルから，ジュエルフォト・アメリカの設立準備金，事務所の契約金，クルーズ夫妻専用の新車購入代金，当面の運営費などを支払う。
5．ジュエルフォト・アメリカ設立後，すみやかに三脚の販売を開始する。
6．ジュエルフォト・アメリカは，三脚の他にもジュエルフォト製品の売り込みチャンスがあれば，積極的に販売活動を行う。
7．クルーズ氏は，毎週金曜日，ジュエルフォト本社の一郎社長に活動状況を連絡する。
8．ジュエルフォト・アメリカの社長（President）は，東京本社の一郎社長の兼務とし，セオドア・クルーズ氏は副社長（Vice President）とし，年俸10万ドル（約1千300万円）を支給し，1年間雇用する。なお，一郎社長へジュエルフォト・アメリカからの役員報酬および役

員賞与は支払わない。またクルーズ夫人（アリス・クルーズ）を副社長補佐兼秘書（Secretary）とし，年俸1万8千ドル（約240万円）を支給し，1年間雇用する。

クルーズ氏は，東京本社で会長，社長，取締役，貿易部との協議を重ねた後，2月5日（火曜日）に帰国した。

5．事務所開設と社長からの電話

クルーズ夫妻は，1991年3月1日，現地法人ジュエルフォト・アメリカの設立準備業務をオフィス捜しから開始した。4月1日，ジュエルフォト・アメリカの設立許可が下り，オフィスはロサンゼルスのダウンタウンから車で30分ほど南に位置するニュー・ポートに開設された。またクルーズ夫妻は，会社貸与の新車としてトヨタのクレシードを購入した。

4月3日，事務所の整理をしていたクルーズ氏に東京本社の菅井一郎社長から国際電話が入った。

一郎社長　　：こんなに早く会社設立にこぎつけるとは思ってもいなかった。君の努力に感謝する。
Mr. クルーズ：ありがとうございます。オフィスの整理が済んだらさっそく営業活動に入ります。期待していただいてよいと思います。アリスも私もヤル気満々なんです。
一郎社長　　：ところで君達二人だけでは大変だろうから，弟の二郎と彼の妻の政子をそちらへ送ることに決定した。一緒にやってもらいたい。二人ともまだ若いので，面倒を見てやって欲しい。二郎と政子は，二人ともイギリスのハイスクールを卒業しているから英語の心配はないと思う。急な決定なので，二人は準備に忙しくしている。そちらには5月1日に着く予定だ。

Mr. クルーズ ：私たちだけで仕事をするつもりでしたが，社長がそのように決定されたのなら協力しましょう。ご心配なく。こちらでのハウジングについても候補をいくつか捜しておきましょう。何か私たちでお役に立つことがあれば遠慮なく言って欲しいと伝えて下さい。
一郎社長 ：これからがビジネスの本格的なスタートだ。われわれの君たちへの期待は大きい。私も，できるだけ早い機会にそちらを訪問する予定にしている。
Mr. クルーズ ：お待ちしています。

6．クルーズ夫妻の困惑

　5月1日，クルーズ夫妻はロサンゼルス国際空港で二郎夫妻を出迎えた。4人はクレシードに乗り，ジュエルフォト・アメリカのオフィスに直行した。オフィスで二郎取締役は，クルーズ氏に英語で書かれた名刺を手渡した。名刺を受け取ったクルーズ氏は，顔色を変えクルーズ夫人にその名刺を渡した。名刺には，上級副社長（Executive President）と印刷されていた。

Mr. クルーズ ：上級副社長・・・。私は，あなたのタイトルについて何も知らされていませんでした。社長は，あなたがたご夫妻をアメリカにやるからとしか言いませんでしたが・・・。
二郎取締役 ：兄が電話で何をお話したか知りませんが，私にはジュエルフォト・アメリカの上級副社長に任命すると言いました。私は，あなたより若いし，アメリカの写真用製品市場のことも十分には知りません。ですから，あなたに命令したり，指示したりしようなどとは思っていません。一緒に協力して仕事をしていきましょう。妻の政子も手伝います。社長からは，政子には経理を担当させるように言われています。クルーズ夫人，

政子は，ビジネスカレッジでアカウンティングも学びましたが，専攻はビジネス英語ですので分からないことがあったら，教えてやって下さい。お願いします。

二郎氏は，渡米前，兄の一郎社長から「外人に経理を任すといい加減なことをされてしまうと友人が忠告してくれたから，経理は政子にやらせてくれ」と言い渡されていた。

Mr. クルーズ　　：分かりました。アリス，後で帳簿を政子に渡しなさい。
Mrs. クルーズ　：私も，ビジネスカレッジでアカウンティングを勉強しました。帳簿書類は整理してありますので，後でお渡しします。
Mr. クルーズ　　：二郎，あなたに個室を用意しておきましたが，私より狭い個室です。今日からあなたが私のボスですから，私の個室をあなたのために空けましょう。
二郎取締役　　　：これから4人でミーティングを開きましょう。これまでの経過を聞かせて下さい。仕事の分担もしなくてはならないし・・・。
Mr. クルーズ　　：あなた方のためにアパートメントを幾つか捜しておきました。ミーティングが終わったら案内しましょう。

7．半年が経過して

ジュエルフォト・アメリカの上級副社長に任命された二郎取締役は，半年のあいだ，しばしば東海岸や中西部にある日本の大手電機会社やカメラ会社の現地事務所を訪れ，特需の注文取りに走り回り，10月にようやく大手電機会社の現地法人からビデオカメラ用ソフトケースの受注に成功した。金額は2万7千ドル（約350万円）であったが，二郎取締役としてはアメリカでの最初の仕事であり，喜んでクルーズ氏に報告したが，クルーズ氏は「ああ，

そうですか」と言うだけであった。

　政子は，アメリカの会計基準を勉強しながら経理業務を行っていたが，3月と4月の2か月間にクルーズ夫妻が交際費の名目で約1万5千ドル（約200万円）出費していることを発見した。しかし，彼女は，クルーズ夫妻との今後の関係を考慮し，夫の二郎とも相談し，クルーズ夫妻にその件について問いただすことはしなかった。アリスは，一日中，事務所にかかってくる電話の番をしているだけで，毎日退屈そうであった。アリスは積極的に政子の仕事を助けようとはしなかった。

　クルーズ氏は，忙しそうに飛び回っているものの，当初の目標であった月に1万5千本の三脚を販売するという目的は達成せず，「うまくいっても月に5千本がやっとの数字だ」と言い始めていた。

　設立以降のジュエルフォト・アメリカの売上高は次の通りであった。

1991年4月	300ドル	
5月	660ドル	
6月	528ドル	
7月	1,650ドル	
8月	26,330ドル	
9月	9,660ドル	
10月	54,150ドル	（内27,000ドルは二郎取締役による受注金額）

　二郎取締役は，この状況を改善しなければと考え，クルーズ氏と話し合ってみた。しかし，クルーズ氏は「一生懸命やっているが結果が出ない。もう少し長い目で見てほしい」と繰り返すばかりであった。二郎取締役は，一時帰国し，東京本社に現状を詳しく報告した上で，今後のことを会長や社長と相談しようと考えた。

(設問)
1．このケースの問題点を整理して述べてください。
2．ジュエルフォト・アメリカのこのような情況をもたらしたと思われる原因について考えてみて下さい。
3．あなたが菅井二郎取締役の立場にあれば，この情況を解決するために，どのような提案をもって本社に帰りますか。
4．あなたが菅井政子の立場にあれば，二郎取締役にどのような助言をしますか。
5．あなたは，セオドア・クルーズ氏の立場について，どのように考えますか。
6．あなたが，菅井一郎社長の立場にあれば今後どうしますか。それは何故ですか。
7．このケースから，組織や管理について学び取るものは何ですか。

ケース6
「株式会社大阪百貨店：在庫60万冊とお客様相談室長」

1．日本書店の出店

　大阪百貨店は「大阪が生んだ世界最大級の百貨店」をキャッチフレーズに1985年9月に開店した。店舗面積は当時国内で最大であった。1992年には年間売上高約6000億円を記録したが，その後はバブル経済崩壊による個人消費の低迷により年間売上高は1999年度4,737億円，2000年度4,590億円と減少を続けていた。2000年10月時点での社員数1,397名，テナント内勤務の派遣社員5,901名，パート社員493名，長期アルバイト130名，専門キャリア契約社員66名であった。

　大阪百貨店は，2000年に発覚した総会屋への長期にわたる不正利益供与による社会的信用の低下，さらに低迷する売り上げを回復するため開店以来最大の店舗改装を計画し，2001年秋から全面的な店舗改装工事を始め，2002年4月下旬には店舗改装を無事終了した。この店舗改装の目玉の一つは，府内最大級の売り場面積を誇る日本書店大阪店の出店であった。大阪百貨店は，大阪府全域を対象に新聞・ラジオ・テレビでの広告，ダイレクトメール，駅張りポスター，さらに報道関係者を集めての記者会見などを積極的に行い，日本書店の出店を大々的に広告した。2002年4月25日付の毎朝新聞大阪圏版は，大阪百貨店への日本書店の出店についての次のような記事を掲載した。

＊このケースは，吉田優治（千葉商科大学教授）が集団討議の基礎となるよう作成したものであり，組織や管理についての正しい（望ましい）処理とか誤った（望ましくない）処理の実例を示そうとしたものではない。このケースは関係者へのインタビューおよび関係資料に基づき作成されているが，教育的視点から一部脚色されている。ケースにおいて使用されている人名，会社名，地名，数値などはすべて仮装されている。このケースの著作権はジャパンケースバンク（JCB）によって所有されている。ケースをコピーして無断使用することは認められない。ケース使用にあたってはJCBの許可とこの注記を付すことが必要である。

大阪に大型書店が次々に進出

・・・4月24日，大阪百貨店の大規模リニューアルに伴い，同百貨店8階に書籍販売大手の日本書店（本社・東京）大阪店が開店した。新規出店した日本書店大阪店は，売り場面積約6百坪に常時60万冊を揃え府内最大級。開店を機に外商を強化し，インターネットで本の在庫や場所を検索できるサービスも始めた。・・・。

こうした広報活動の努力もあり，4月27日から5月6日までのゴールデンウィーク期間に実施された店舗改装グランドオープニングセールには，当初の予想を大幅に上まわる買い物客が訪れ，この時期の売上高としては同百貨店開店以来の最高売上高を記録した。

2．社長室長からお客様相談室長へのコピー

店舗改装グランドオープニングセールが終了して1週間後の5月13日，お客様相談室長（部長待遇）の手元に社長室長から次のような一通の手紙のコピーが届いた。

株式会社大阪百貨店社長様

ゴールデンウィーク谷間の4月30日，全館グランドオープンした「大阪百貨店」を訪れました。最大の目的は，在庫60万冊を誇る「日本書店」のオープンでした。この大規模書店のオープンは，御社プレスリリースを受けて毎朝新聞や大阪新聞が記事として取り上げたり，新聞折込や御社ホームページ，館内放送で華々しくPRされていたため，本格的な書店のオープンに大きな期待を寄せていました。

しかし，その期待は日本書店に入ってすぐに失望に変わりました。7万円近くの買い物を済ませた後，「在庫60万冊」に不信を抱いた私は，複数の店員に実際の在庫冊数を尋ねたところ，倉庫と書棚下の引き出し在庫を含めても40万冊強との回答が即座にありました。この「40万冊強」は，「在庫60万冊」を全館グランドオープンの目玉として位置づけ，繰り返し宣伝してきた御社の経営姿勢の一端を表すものではないでしょうか。

　さらに深刻な問題は，担当部課長の状況認識の甘さです。帰宅後，仕事を通じて関係のある日本書店本社に苦情を入れたところ，対応した総務部次長は，通常売り場面積100坪あたり単純に10万冊として計算するため，「日本書店大阪店」の場合600坪あるから在庫60万冊としたが，実際には40万冊から43万冊程度しかないことをすぐに認めました。その後，御社のお客様相談窓口を通じてテナント部の課長にも同様の苦情を入れました。そして5月1日，テナント部部長から「日本書店からは，倉庫の在庫を含めて確かに60万冊の在庫があると聞いている」との回答が電話で寄せられました。私は部長に「昨日，書店店員と書店本社から直接に40万冊強程度と聞いた。出入りの業者が，部長であるあなたに正確な数字を報告していないだけだ」と答えました。その後，同部長から再度電話があり，「書店側と協議して，早急に60万冊体制を確立する努力をする」との電話をいただきました。なぜこんなことが御社の管理職には見抜けないのでしょうか。

　幹部管理職が，基本的な数値管理さえ出来ないこと，その誤りを顧客から指摘された後も誤った数値しか把握できなかったこと，そしてそのことが「在庫60万冊，府内最大の書店」という偽りのキャッチフレーズを顧客に流し続け，顧客の信頼を失わせることになってしまったのです。「大阪百貨店」にとって今何より重要なことは，失われた「顧客からの信頼」を回復させることではないでしょうか。

今回の店舗改装において、「日本書店」のあるフロアーは「自分」発見専門館という名称が付されています。顧客の「自分」を発見させるより、あなたがたが「大阪百貨店」の「自分」発見をすることの方が先です。今回のことは相次ぐ企業不祥事にも通じる経営倫理や経営道徳の問題です。多数のコンシェルジェをフロアーに立たせたり、駐車場まで荷物を運ぶポーターを配置するなどの派手なサービスも必要ですが、御社は何を商売の基本に据えようとしているのでしょうか。顧客は愚かではありません。不誠実はすぐに見破られます。知らず知らずのうちに、期待される「心」を失ってしまいます。そうした「心」を御社は学習してください。猛省を促します。

内田栄太郎

このコピーには、社長室長から以下のようなメモが添付されていた。

社長は、手紙を読んで問題を深刻に受け止めています。明日の午前9時から、テナント部の部課長、広告部の部課長、お客様相談室の室長による緊急の会議を開き問題の解決にあたるよう指示されました。今回の問題の原因はテナント部にあるようですが、それとは別に社長からお客様相談室のあり方について検討するよう指示が出されました。これまでお客様相談室は、どちらかといえばお客様からの苦情が寄せられると、担当部門にそれを伝え問題を処理するよう依頼する窓口でしたが、寄せられる情報は当社が今後お客様に受け入れられる百貨店になるための貴重なヒントが隠されているので、それを問題処理という観点とは別に、全社的な経営や営業活動に生かせるようなシステムづくりを早急にまとめてほしいとのことです。

> このことについて提案内容がまとまり次第，社長室までご連絡ください。

　手紙のコピーと社長室長からのメモを読んだお客様相談室長は，まずは苦情を寄せたお客様にお会いして陳謝することが先決であると考え，まずはお客様宅を訪問し，再度状況を説明しお詫びする準備に取りかかった。

（設問）
1．このケースにおけるマネジメントに関する主要な問題点は何ですか。
2．このケースにおける大阪百貨店と日本書店の関係はどのようなものと考えられますか。
3．あなたが日本書店の総務部長の立場にあれば，今後どうしますか。
4．あなたがお客様相談室長の立場にあれば，今後どうしますか。
5．大阪百貨店における今後のお客様相談室のマネジメント上の位置づけはどのようなものになることが期待されていますか。
6．このケース（討論）からマネジメントについて学び得ることは何ですか。

ケース7
「株式会社リリー化粧品：東京商品センター」

1．ケースの背景

　株式会社リリー化粧品は，1949年に設立された化粧品の総合メーカーであった。競争の激しい化粧品業界のなかでは歴史も新しく，営業開始以降，4年ほどのあいだは，既存の他社との競争に容易に太刀打ちできなかった。

　しかし，ユニークなコピーや男性モデルの使用など広告活動に力を注ぎ，男性化粧品市場に積極的な参入を図った結果，年々着実に業績を伸ばし，1959年3月以降，総売上高においては，「わが国有数の化粧品メーカー」の一つに数えられるようになっていた。

　1960年，株式会社会社リリー化粧品（以下，リリー化粧品と略称する）は，東京証券取引所第二部に上場を果たした。1989年3月の資本金は27億円，年間売上高は2,200億円，経常利益は110億円，従業員は5,000人であった。その本社屋は東京新宿にあり，東北・関東・関西に8つの工場，関東と関西に10か所の営業所，5か所の商品センター，それに総合研究所を持っていた。

　本社・人事課の田川正樹は，1955年に横浜で生まれ，1977年，東京の私立・青葉大学経営学部を卒業，リリー化粧品に入社，本社・人事部に配属となり，それ以降12年間にわたり人事一筋であった。田川は，初め人事課員として採用の仕事に従事していたが，1986年4月，人事課主任に昇任してから

＊このケースは，吉田優治（千葉商科大学教授）が集団討議の基礎となるよう作成したものであり，組織や管理についての正しい（望ましい）処理とか誤った（望ましくない）処理の実例を示そうとしたものではない。このケースは関係者へのインタビューおよび関係資料に基づき作成されているが，教育的視点から一部脚色されている。ケースにおいて使用されている人名，会社名，地名，数値などはすべて仮装されている。このケースの著作権はジャパンケースバンク（JCB）によって所有されている。ケースをコピーして無断使用することは認められない。ケース使用にあたってはJCBの許可とこの注記を付すことが必要である。

は人事配置と訓練・教育の企画と実施に責任を負ってきた。

　人事部長の有田徳男は,「現場のニーズに応じた人事管理」をモットーにしており,「人事部員は現場を肌で理解しなければいけない。さもなければ,現場のニーズには応えられない」とつねづね語っていた。人事部員に対して,「机にかじりついてばかりでいないで,現場に出かけて自分で仕事を捜してこい」と言っていた。実際,人事部のメンバーは,そのほとんどが営業所や工場,あるいは商品センター等に出向くことが多く,彼らはそれを「現場まわり」と呼んでいた。

　1989年9月の最後の週,田川主任は東京商品センターに出向くことになった。東京商品センターは,年に2回,1週間ほどかけて「大棚卸し」を行っていたが,その期間の人手不足を補うため,人事部から5人の部員が「現場まわり」の一環として応援に出かけることが,ここ5年ほどの慣例となっていた。

　東京商品センターは,リリー化粧品の商品を関東地方の百貨店,スーパーマーケット,小売店などに配送する流通基地であった。商品センターでは,近年,長期大量在庫を嫌い短期納品を強く求める顧客の要求,取扱商品の多様化,取扱量の増大等に対応するため,これまで以上に高度な作業の機械化・コンピュータ化の促進が緊急課題となっていた。同社のトップは,「物流を征するものは市場を征す」という認識で一致しており,商品センターを単なる商品の保管庫としてではなく,市場戦略の拠点として捉えていた。そのため,1991年4月をめどに千葉県の木更津市に最新設備を備えた首都圏商品センターを建設し,東京商品センターの全面移転を計画していた。

　東京商品センターは,百貨店のための業務を担当する第1商品センターとスーパーマーケットのための業務を担当する第2商品センターからなっており,それぞれに200人の人員が配置されていた。長年にわたり第1・第2の両商品センターとも川崎市の同じ場所にあったが,取扱量の急激な増加に対応するため,同社は1980年に第2商品センターを厚木市に移した。

　両商品センターには,それぞれに搬入課,商品管理課,搬出課,そして物

流システム室があった。物流システム室の業務は，伝票をはじめとする帳票類の設計，コンピュータのシステム設計，人材派遣会社から送られてくる「外職さん」と呼ばれる人々やパートタイマーの管理などであった。第1商品センターには，物流システム室・第1課があり，23人の人員が，第2センターには物流システム室・第2課があり，22人の人員が配置されていた。

東京商品センター所長の日比俊夫は，1937年福島県に生まれ，1955年，同地の高校を卒業と同時にリリー化粧品に入社，生来の粘り強さと地道な努力に加え，おおらかな人柄による部下からの人望などが評価され，同期のトップで部長職に昇進した人物であった。日比所長は，第1センター長，第2センター長，そして物流システム室長を兼務していた。彼は，営業部で3年間，人事部で2年間を過ごした他は，物流一筋の経歴であった。日比所長のデスクは第1センターにあり，第2センターへは，緊急の場合を除いて毎週一度，水曜日に見まわりに行く程度であった。

物流システム室・第1課の課長は，太田 久であり，彼は物流システム室・第2課の課長も兼務していた。太田課長は，1950年，宮城県に生まれ，1972年に福島の大学を卒業して入社，営業部員としてセールス活動に従事していたが，1979年4月，東京商品センターに配置転換になり，物流業務に専念していた。太田は，日比所長から，物流に関するノウハウを初歩から教えられ，10年余りのあいだに，搬入，搬出，商品管理，コンピュータのシステム設計などの仕事を経験し，東京商品センターでは「日比所長の秘蔵っ子」と呼ばれていた。太田課長のデスクは第2センターにあり，日比所長とは毎日，電話で連絡を取り合いながら仕事を進めていた。

物流システム室・第2課の係長に鵜沢文男がいた。鵜沢は，1974年に愛知県に生まれ，1965年，名古屋の商業高校を卒業後リリー化粧品に入社，直ちに中京商品センターに配属となり，1967年からは東北商品センター，1969年以降は東京商品センターの商品管理課に3年間，搬入課に3年間，その後現在まで物流システム室勤務であった。物流一筋の鵜沢文男を，人々は「商品センターの牢名主」と呼んでいた。鵜沢自身，センター員と営業所や工場と

の間でトラブルが生じ困っていると，「牢名主の俺が謝るから，顔をたててくれ」などと言って問題をしばしば処理してやっていた。

　日比，太田，鵜沢の3人を「東京商品センターの三人衆」と呼ぶ人もあった。

2．問題の発生

　1989年9月25日，棚卸しの初日を東京商品センター・第2商品センターでむかえた田川正樹は，第2商品センターの人事部専用掲示板に『情報ダイジェスト』が掲示されていないことに気がついた。『情報ダイジェスト』は，田川が，業界新聞や業界誌から，工場や営業所，それに商品センターで働く人々に役立つと思われるニュースや記事をピックアップして，興味をひくような見出しを付けて，毎月1回作成したものであった。掲示板は，初め，各事業所の従業員への伝達事項を掲示する目的で人事部によって設置されたものであった。しかし，現在では，公式の伝達事項以外にも，人事部が有効であると判断した情報を提供するためにも利用されるようになっていた。

　掲示板は，ロッカールーム入口にあって，物流システム室第2課によって管理されていた。田川は昼休みに太田課長のデスクに行き，「現場まわり」の挨拶をしてから，掲示板に『情報ダイジェスト』が掲示されていないことを告げ，「是非とも掲示して下さい」と頼んだ。太田課長は，頭をかきながら，「それはどうも，気がつかずに申し訳ありません。すぐに，掲示板担当の中西真理子さんに言っておきます。ごめんなさい」と笑顔で答えた。田川は「宜しくお願いします」と言って，棚卸しの作業に戻った。

　棚卸し最終日の9月29日（金曜日）になっても，掲示板に『情報ダイジェスト』は掲示されないままだった。田川は，中西真理子に会って理由を聞こうと物流システム室第2課を訪ねた。田川が，中西に「太田課長から『情報ダイジェスト』を掲示するよう指示がありませんでしたか」と尋ねると，「太田課長から皆の目につくよう工夫して掲示するよう指示されましたので，

月曜日の午後に掲示しようとしていたら，鵜沢係長が『どうして私に無断で，そんなものを貼るのか』と言われました。課長の指示があったと申しましたが，『掲示する必要はない』と強く言われましたものですから」と答えた。
田川は，直接に鵜沢係長と話してみようと思い鵜沢のデスクを訪ねた。

田川主任：鵜沢さん，どうして『情報ダイジェスト』を掲示してくれないのですか。太田課長は「掲示する」と約束してくれたのですが・・・。
鵜沢係長：僕は課長から何も聞いていないよ。中西君の上司は僕なんだから。僕に無断で何かしようなんて無理な話でしょう。『情報ダイジェスト』を掲示するかどうかは僕が決めることだよ。
田川主任：中西さんから課長の指示を聞かされているのでしょう。
鵜沢係長：分からない人だな。中西からは聞いたけど，太田課長からは直接に何も聞いていないんです。直接に命令されていないのに，勝手なことはできません。人事課の主任さんならわかるでしょう。
田川主任：鵜沢さん。そんなことを言うなんて大人げないじゃありませんか。思うところがあるなら，課長か私に直接話してくれればいいじゃないですか。
鵜沢係長：君が作った『情報ダイジェスト』だけど，あんなものは商品センターに必要ないんだ。僕は掲示するつもりはない。月末で忙しいんだ。もう帰ってくれないか。

　鵜沢は，そう言うと田川の方を見向きもしなかった。鵜沢の激しい剣幕に驚いて，これ以上話しても無駄だと思い，田川はやり残した仕事に戻った。田川は仕事をしながら，鵜沢係長の態度が気にかかった。仕事が終わり，センターの人と一杯やりに行く前に人事課に電話して中川人事課長に，掲示板の件について報告した。
　中川人事課長は，1949年の北海道生まれで，1972年，北海道の大学を卒業してリリー化粧品に入社し，5年間の営業生活を経験した後，人事に配属に

なった。中川課長は，田川の話を聞いてから，「君も知ってるように，僕は明日から1週間，高卒者採用のため北海道の高校まわりに出かける。詳しい話は帰ってから聞くことにしよう。その間に，もう少し事情を調査しておいてくれないか」と言った。田川は，いろいろ考えた後，鵜沢ともう一度話してみることにした。翌日の午前中に鵜沢係長に電話をして，10月2日（月曜日）の夕方に鵜沢と会う約束を取りつけることができた。

3．問題の経緯：鵜沢係長との面談

　第2商品センターを訪ねた田川主任は，鵜沢に第1応接室で話を聞くことにした。そこで話されたことは次のようなものであった。

田川主任：先日は，お忙しいところを勝手な話しをして申し訳ありませんでした。また，今日はお時間を割いていただきありがとうございました。改めてお話しを伺いに参りました。

鵜沢係長：わざわざ，ご苦労さん。でも，先日話したこと以外に格別お話しするようなことはありませんよ。あの後，課長から指示があったわけではないしね。

田川主任：太田課長には何も話していません。今日伺ったのは，指示板のこともありますが，それより先日のお話から，係長が会社に何か不満を持っているのではないかと感じたものですから，率直に話しを伺えたらと思ってお邪魔したんです。何かあるのでしたら，是非ともお話しいただけませんか。秘密は必ず守ります。金曜日の夜，棚卸しが終わった後，こちらの若い人たちと飲みに行ったのですが，鵜沢係長と太田課長の間が「しっくりいっていない」というような話を耳にしたものですから。

鵜沢係長：誰が言ったんですか。余計なことを言う奴だ。うまくいっていないのは事実ですがね。そんなことはとくに人事の人に言うことじ

ゃないでしょう。僕は僕なりに，与えられた仕事はしっかりやっているつもりですよ。あんたは，上司の命令で僕に会いに来たの。

田川主任：そうではありません。こちらに用事があったんです。そのついでと言ってはなんですが，掲示板の件もありましたし何よりも今度できる新しい物流センターの人事制度作りに参考になるようなお話しを伺えないかと思ったものですから。商品センターの牢名主といわれる鵜沢さんの意見は貴重ですからね。

鵜沢係長：あっはは（笑い）。それなら，僕も気楽に話させてもらいましょう。率直に言うと，掲示板のことなど僕にはどうでもいいことなのです。君が作った『情報ダイジェスト』だから掲示してあげたい気持ちはありますよ。けれども，太田課長のやり方が気にくわなくてね。だって，そうでしょう。僕には何も言わず，僕を飛び越して僕の部下の女子社員に指示するのですから，僕にも意地ってものがありますからね。太田課長は日比所長に可愛がられているからといって何をしてもよいということはないでしょう。それに太田課長は，2年前，課長になるまでは第1課の係長で，第2課の係長の僕と同格だったんですよ。仕事だって，僕が随分と教えてやったし，トラブルがあったときも，何度も助けてやったつもりです。それが，課長になった途端に，あれこれと僕に指示してきてね。僕をなんだと思っているのかね。あの小僧は・・・。このあいだも，僕に「新しいマーケティングのセミナーがあるから行って勉強して来い」と言うんだよ。3日間も僕がいなかったら「外職さん」やパートの人たちの手配はすぐに混乱してしまうし，このセンターの全員に迷惑をかけることになるのが分からないのかね。

田川主任：係長の考えを日比所長にお話になられたことはないのですか。日比所長は部下思いだと聞いていますけれども。

鵜沢係長：所長はほとんど第1商品センターにいて，第2商品センターには

たまに来るだけです。それに，こちらに来ても，この応接室に閉じこもって太田課長と2人で話をしています。僕が入っていくような雰囲気ではないんですよ。所長は課長を高く買っているから，僕の話など聞いてくれませんよ。太田も太田です。僕を信用していないから，第2商品センターの仕事についての権限を独り占めして，僕に委譲しようとしないんだ。何でも自分で決めなきゃ気がすまないんです。やってられないよ，まったく。いっそのこと，奴も第1商品センターに行ってしまえばいいんだ。

田川主任：係長。お気持ちは分かりますが，係長の思い過ごしもあるのではありませんか。不満はあるでしょう。でも，不平ばかり言っていてもしょうがないではありませんか。所長も課長も，係長が，これからも一緒に仕事をしていく仲間ではないですか。こんな状態では部下のモラールにも影響が出ませんか。

鵜沢係長：そんなこと言われても・・・，僕は入社以来，ずっと物流部門一本できたんだし。自分としては，今さらどこか他部門に異動するなんて考えられないし・・・。まあ，何とかやっていくつもりです。実を言うと，僕は半年前に，思い切って転属願いを所長に出したんです。しかし，日比所長は「近く新しい物流センターもできることだし，何とか辛抱してくれないか」と言うだけで，物流一本の僕がなぜ，転属願いを提出したかを聞こうともしないのです。かつては，太田課長の面倒をみて欲しいと僕に頼んだほどの人ですよ。もう諦めの心境ですよ。人事課も人事課だ。僕が言うのはおかしいが，商品センターの人事について，真剣に考えてこなかったでしょう。営業で駄目な人とか，他の部門で失敗したり，役に立たない人たちの落ち着き場所ぐらいにしか考えていなかったんじゃないの。僕が人事部の人と自分の問題でじっくりと話し合うのは入社以来，今日が初めてのことですよ。人事は，問題が起こらなければ，僕たちのことなど考えてもくれないのだか

ら嫌になっちゃうよ。人事部は，所長や課長連中に管理者教育なんかしているんですか。僕なんかも，入社以来，会社から教育らしい教育を受けたことないものね。24年間，物流一筋ですよ。マンネリにならないほうがおかしいし，ストレスだって溜まる一方だよ。そうでしょう。

　鵜沢係長は，そこまで話すと，胸のつかえがとれたような様子で，「いいですか」と言って，煙草を取り出し，気持よさそうに一服し始めた。

田川主任：人事部についてのことは，私には何とも言えません。今直ぐにどうすることも出来ないかもしれません。けれども，本社に帰りましたら，課長に報告しようと思います。係長のご迷惑にならないように十分気をつけます。今日は，これで帰ります。いろいろと貴重なお話を聞かせていただきありがとうございました。本当に勉強になりました。事情もおおかた理解できたつもりです。掲示板の件は宜しくお願いします。

　田川主任は鵜沢係長に深く頭を下げて，応接室を出た。太田課長にも報告して，意見を求めようかと考えたが，まずは直属上司の中川人事課長への報告が先だろうと考え，第2商品センターを後にした。

4．問題の結果：四者会談

　10月6日（金曜日）に，田川主任は北海道から帰った中川人事課長に鵜沢係長の件について報告した。中川課長は，田川の話を聞き終わると，「人事課主任として，君はどうすべきだと思うか」と尋ねた。田川は，この件は単に鵜沢係長個人の問題というより，第2商品センター全体の問題として考えるべきだと思うこと，自分としては人事課がそれにどう対応すべきなのかわ

からないことを述べ，まず日比所長，太田課長，中川人事課長，それに人事課主任の田川の4人で，この問題について話し合いをしてみてはどうかと提案した。中川人事課長は「それがいいだろう」と言うと，直ぐに机上の電話で日比所長に連絡をとった。中川課長は，日比所長が人事部にいたころ策定した「技能目録」と「人材目録」を教育・訓練計画と連動させる仕事を担当したことがあり，そのプロジェクトについて，日比所長に何回か相談に乗ってもらったことがあった。そのため，15年ほど前には2人でよく酒を飲む機会があった。そのこともあってか，話は直ぐにまとまり，10月9日（月曜日）の夕方，2人がかつてよく利用した上野の小料理屋で話し合いをすることになった。

　10月9日，会社が終わって，田川が中川課長と一緒に約束の小料理屋に行くと，日比所長と太田課長の2人は小上がりで楽しそうに話し合っていた。

中川人事課長：お待たせしたようで申し訳ありません。日比さんとここで会うのは，何年ぶりでしょうかね。

日比所長　　：いや，僕も今少し前に来たばかりだよ。明日のゴルフのことを太田君と話していたところです。ご無沙汰してすまなかった。いつも商品センターの仕事をお手伝いいただいて恐縮してます。一席もうけなくてはとずっと思っていたんだが，今日はゆっくりと飲みましょう。

中川人事課長：先日から，うちの田川君が第2商品センターの鵜沢係長のことで心配しているんですが。

日比所長　　：鵜沢のことでは，僕も太田君も困っているんだよ。

中川人事課長：彼の欠点はどういうところだと日比さんは考えておられるのですか。

日比所長　　：人間は誰にだって欠点はあるけれども・・・。彼の場合は，頭が堅いというか，柔軟性にかけるというか，消極的というか・・・。

太田課長　　：私が言うのもおかしいのですが，私はかなり彼のよいところを引き出そうと努力したつもりなのですが，どうしてもうまくいかないのです。与えられた仕事は，それなりに処理する能力はもっているのですが，自分から積極的に仕事に取り組もうとはしません。それでいて部下には厳しく，女子社員にも残業させたりするのです。先日も，私が夜の10時ごろセンターを出ようとすると，オフィスの隅で女の子が伝票整理をしているのです。伝票を見てみると，その日のうちに仕上げなければならないような仕事だとは思えなかったし，鼻をグスグスいわせているので，「どうした」と聞くと風邪気味だというものですから，「鵜沢係長には私から話しておくから，今日は帰って，明日の仕事にしなさい」と言って帰宅させたのです。そうしたら，次の日の朝，鵜沢係長は怒り狂ったように「自分がやらせている仕事に横から口をはさむなんてどういうことだ」と怒鳴りこんできたのです。そのときは，私も思わず「馬鹿なことを言うな」と怒鳴ってしまいました。私は，ともかく彼の上司ですし，彼は私の部下なのですから。万事がこの調子ですから，とても話し合いにはならないんです。お恥ずかしい話ですが，最近では放ってあるんです。

田川主任　　：私が掲示板のことを話にいった時も，私の話を聞こうというのではなく，自分の主張を固持して，譲りませんでした。ですから，太田課長の言われていることはよくわかります。しかし，半年前に彼から所長あてに転属願いが出されていたと聞いています。転属願いが提出された場合には，人事に報告して人事部と所属長の間で相談することが一応の決まりになっていると承知していますが。

日比所長　　：たしかに，そういう決りになっている。けれども，鵜沢の場合は入社以来，物流一筋の男だ。今さら，人事に頼んで，ど

こかに異動させたところで，彼を活かすことにはならないだろうと思ったものだから，敢えて人事には報告しなかったんだ。彼は，こと物流に関しては，全部とはいえないけれども，細かいところまでよく知っているんだ。仕事だって，やらせればできる男だしね。それに木更津にできる物流センターについても，実際，彼に頼るところが大きいんだ。正直言って，今，彼に転属されては困る。だから，なんとか仕事をさせているのが実情なんだよ。彼にかわる人材の育成を怠っていたことは僕の失敗だ。人事部としては，何かよい知恵がありますか。

中川人事課長：今のところは，状況を把握して，分析しようという段階ですから，よい知恵は未だもちあわせていません。ただ，人事サイドとしてはこれまで物流部門の人事をおろそかにしていたことを反省しなければならないと考えています。物流部門の人事は，ともすれば現場長に任せきりというところがありましたからね。ただ，鵜沢さんのケースは，どうもそういう問題だけではないと思われます。田川君は，鵜沢さんに会って，直接に話を聞いているのだから，何か意見があるのではないのかな。

田川主任：そうですね。私には，昨年4月に太田さんが係長から課長に昇任したことに対する不満が鵜沢さんに鬱積しているように思われました。そして，所長と課長の2人から自分が疎外されていると強く感じているようにも思われました。そんなことは，サラリーマンなら誰でも経験することなのでしょうが。

日比所長：そうなんだよ。彼の問題が特別ということではないと思うけれどもね。

太田課長：課長の私にも責任があるのでしょうが，鵜沢係長は，自分で正しいと思ったことはすべて正しいと思い込むところがあっ

	て，自分のことは棚に上げて，他人を非難することしかしな
	いのですから本当に困っているのです。田川さんもそう思わ
	れるでしょう。
中川人事課長：	われわれにとって重要なことは，何よりもまず，鵜沢さんの
	問題をどう解決するかということでしょう。人事部も考えま
	すけど，商品センターとしても考えてみて下さい。このこと
	については来週の月曜日私たちがセンターに伺いますから，
	その時まで宿題にしておきましょう。今日のところは，これ
	ぐらいにして，せっかくの機会ですから，落ち着いて飲むこ
	とにしましょうや。
日比所長　：	それはよい考えだ。鵜沢君のことでもない限り，4人で酒を
	飲む機会などないわけだから，大いに飲むとしよう。おかみ，
	酒をもってきてくれ。

　田川主任は，「自分の考えていたような話し合いとは違う」と感じながら，いつもよりはやく，酔いがまわっていくのを感じていた。

　（設問）
　1．リリー化粧品・東京商品センターの組織図を書いてみよう。
　2．主要な登場人物について，年齢・経歴・関係等を調べてみよう。
　3．このケースの問題点を列挙して，それぞれに関係ある要因を検討してみよう。

ケース8
「安心火災保険株式会社：社長への手紙」

1．安心火災保険株式会社の概要

　安心火災保険株式会社は，大正3年，大阪物品火災保険会社の月掛火災保険事業を継承し，新たに大阪火災保険会社の名称で事業を開始した。昭和19年には本社を大阪から東京に移し，東洋火災保険株式会社を合併するとともに従来の小口月額月掛保険を簡易火災保険と改称し，普通火災，海上，運送の保険事業を営むことになった。昭和21年12月には商号を現在の安心火災保険株式会社（以下，安心火災と略称する）に変更し，家計保険分野を主な営業基盤とする一方，各種企業保険の分野にも進出し，火災保険，海上保険，傷害保険，自動車保険，自動車損害賠償責任保険，再保険などを扱う東京証券取引所第1部上場の総合損害保険会社に成長した。

　平成11年度の同社正味収入保険料（一般企業の売上高に相当）は二年連続で前年比5％マイナスの約3,800億円であった。正味収入保険料に占める各種保険の割合は火災保険21.28％，海上保険0.59％，傷害保険9.94％，自動車保険54.63％，自動車損害賠償責任保険8.78％，その他5.23％であった。従業員数は，内務職員5,956名，営業職員1,534名の合計7,490名であり，東京本店のほかに全国に支店55か所，支社290か所，営業所40か所があった。また同社の収入保険料の約80％は全国31,366代理店を通じて集めらる。なお

＊このケースは，吉田優治（千葉商科大学教授）が集団討議の基礎となるよう作成したものであり，組織や管理についての正しい（望ましい）処理とか誤った（望ましくない）処理の実例を示そうとしたものではない。このケースは関係者へのインタビューおよび関係資料に基づき作成されているが，教育的視点から一部脚色されている。ケースにおいて使用されている人名，会社名，地名，数値などはすべて仮装されている。このケースの著作権はジャパンケースバンク（JCB）によって所有されている。ケースをコピーして無断使用することは認められない。ケース使用にあたってはJCBの許可とこの注記を付すことが必要である。

同社が代理店に支払う手数料は，金融監督庁の事務ガイドラインに基づき保険料の約2割であった。

2．自動車保険市場の競争状況

　わが国経済は，バブル経済崩壊後10年を経過しても容易に後遺症から脱却できず，金融システムの不安，雇用・所得環境の悪化などによる個人消費や住宅投資の低迷，企業の設備投資も大幅に落ち込むなど景気後退が懸念されていた。こうした厳しい経済状況において損害保険業界全体の新規契約件数は前年割れが続き，収入保険料も伸び悩んでいた。

　こうしたなか平成10年7月の法律改正による自動車保険料率の自由化，代理店手数料の自由化，金融他業態との相互参入などにより，政府による護送船団方式が崩れ，わが国の損害保険業界は本格的な競争時代に突入した。これを契機に自動車保険などの保険料の値下げ競争が始まったが，下げ幅は1割程度に止まっていた。一方，外資系損害保険会社が相次いで日本市場に進出し，大々的な広告，代理店を通さない電話やインターネットによる保険の通信販売，リスク細分型保険の販売，平均3～4割の保険料引き下げなどの新たなスタイルの営業活動を積極的に展開し，保険販売開始からわずか数年間のうちに自動車保険市場ではシェア10％を占めるまでに急成長していた。

　安心火災では社長が全社放送による平成11年度社長年頭挨拶において「こうした金融自由化時代に対応するため平成9年度からスタートした新中期計画に沿って，保険料率自由化に対応した料率算出・検証体制の構築，地域に密着した営業活動の強化，顧客対応力に優れた販売網の育成，損害調査体制の整備と新たな損害調査サービスの開始，顧客ニーズにマッチした新商品・サービスの開発など，営業・サービス体制を一段と強化するとともに，厳しい運用環境の中で安定した収益確保をめざした資産運用力の充実，高度情報化時代への対応と業務の効率化に向けたシステム体制の整備を進め，全社一丸となって厳しい経営環境に挑戦しよう。いまだ計画半ばであり，今年が勝

負の年だ」と強調した。

3．社長への手紙

　平成11年6月17日の朝，取締役で自動車保険営業本部長の坂本太郎は，首都圏自動車保険営業部長の中山一郎を自室に呼んで次のように話し始めた。

坂本取締役自動車保険営業本部長：
　　昨日，社長室長から一通の手紙を手渡された。この手紙は，自動車保険の契約者から社長へ郵送されたもので，自動車保険の再契約に関する厳しいコメントが書かれていた。通常，社長あての手紙は，社長室で開封しているらしく，まだ社長には見せていないとのことだった。ここにその手紙のコピーがあるからともかく読んでくれないか。

手紙は次のように書かれていた。

　安心火災保険株式会社
　代表取締役社長　相田孝治様

　拝啓
　　ご健勝にてご活躍のことと拝察申し上げます。御社の保険に安心して加入契約できる日を願い，御社の営業姿勢について一言申し述べさせていただきます。

　　先日，御社の自動車保険の延長契約案内が代理店（自動車ディーラー）より往復はがきで郵送されました。はがきには，御社の契約内容と保険料，さらにお勧めの契約内容とその保険料が簡略に提示されていました。外資系保険会社が積極的な営業活動を展開する今

日，この程度の営業努力で延長契約が獲得できると考える御社の営業姿勢に疑問を感じ，さっそくフリーダイヤルでチューリッヒ保険とアメリカンホームダイレクト保険に電話し，御社と契約していた自動車保険と同一内容の保険の見積もりを依頼しました。電話をつないだままの状態ですぐにチューリッヒ保険からは保険料3万8千円，アメリカンホームダイレクト保険からは保険料4万5千円との回答を得ました。

　その後，御社代理店では正確な情報が得られないと考え，郵送された延長契約案内に明記されていた首都圏自動車営業部の営業第2課に電話し（フリーダイヤルではない），保険料の見積もりを依頼しました。証券番号を尋ねられ，そのまま5分間待たされ5万5千円との回答を得ました。電話からはオフィスの喧騒がそのまま流れ，外資の洗練された電話対応との差を感じさせられました。私は，保険料が高くとも，内容のよい保険商品であるなら再契約したいので，御社自動車保険の商品としての強みを尋ねましたが，担当の女性は「ウーン」と唸るだけで，「外資の保険と大きな差異はないです」と回答されました。外資系保険会社が提示した保険料を告げると，「それなら私も外資保険にしますね」と笑いながら答えた。私が「それでは御社はどうやって保険を販売するのですか。会社そのものの存立にかかわるのでは」と話しましたが，「はい」と言うだけで，説明のできる担当者や上司に電話を代わることもなく，「再契約の件，よろしくお願いします。ここでは契約できませんので，代理店にご連絡ください」と言われて電話は終わりました。電話の後，御社からはこれといった資料も送られてきませんでした。一方，外資系保険会社2社からは詳細な保険商品案内と押印すればいいだけの申込書が送られてきました。

　外資系保険会社からの攻勢をかけられている御社のこうした営業

姿勢を，大学の講義や社会人研修の場で話をしたところ，多くの参加者は「どうなってるんだろう」という感想を持ったようです。しかし，参加者のなかの弁護士や公認会計士から外資系保険にはデメリットもあることを知らされたため，再度，御社の首都圏自動車営業部の営業第2課に電話し，御社の自動車保険の強みと外資系保険会社の弱みを尋ねましたが，前回と異なる女性担当者も何も有効な回答を提示できなかったので，課長に電話をまわすように依頼しました。しかし，電話中とのことで後で課長より電話をくださるとのことでした。しかし，30分経っても電話がないため，こちらから電話をして週明けの月曜日の朝一番に電話をかけていただくように約束しました。しかし，その10分後に自動車ディーラーの代理店の担当者から「そんなこと安心火災が話せるわけがないですよ。代理店の手数料が必要だから高くなるんじゃないですか。先生，そんなことを言っていると学生の就職先がなくなってしまいますよ」との電話がありましたが，私は「安心火災と直接話をしているので」と伝え電話を切りました。そして，週明けの朝一番に電話を待っていましたが，朝10時になっても電話がなかったので，ここまできたら最後までと考え，御社のお客様相談室に電話を入れました。担当者は「信じられない」と答え，善処するとのことでした。しばらくして，首都圏自動車営業部・営業第2課課長からあわてた様子で釈明の電話がありました。私が，「御社の社長があなたに朝一番に電話をと言われ約束したら何時に電話をかけますか。代理店も含めて部下に対する教育は時間をかけてくり返し行っているとのことですが，実質的な教育効果はないのではありませんか。御社の保険商品の強みを説明できないのは問題であるが，本当に強みがないなら大問題だ。御社がどうなっても私には直接関係ないが，外資との競争が激化しているこの時期に，こんな認識で仕事をしている限り，顧客は御社を信頼して保険契約はできません。御社の強みであるはずのきめ細

かなサービスも再契約時の営業活動がこんなものなら事故後の対応など到底期待できるものではないでしょう」と話をしました。その後，新たな代理店を紹介してくれるでもなく，保険についての詳細な案内書も郵送していただいていません。

　これが御社の自動車保険の営業実態です。営業レベルの問題ではなく，会社全体の問題です。会社の衰退は，気づかぬうちに進行して，気づいたときには手遅れです。こんな姿勢のままで御社は保険を売り続けるのですか。顧客は愚かではありません。規制緩和，自由化，外資の攻勢という厳しい状況の中で，多くの日本企業が新たな脱皮をめざしています。御社が21世紀に生き残れる条件は，地道であるがこうした一つ一つの仕事を，社長自らが先頭に立って改革していくことでしょう。御社の保険に安心して契約できる日が一日でも早く訪れることを期待しています。

敬　具

平成11年6月15日
京葉大学教授　芳川正男

　手紙を読み終えると首都圏自動車営業部長の中山一郎は，大きくため息をついた。

中山首都圏自動車保険営業部長：
　　申し訳ありません。外資の保険会社による営業攻勢がすさまじいもので，私たちも何らかの対策を立てねばと考えているところです。現在，日本市場に進出した外資系保険会社は合計7社で，いまだシェア10％に過ぎませんが，これまでのんびりやってきた私たちとは違いまさに黒船がやってきたようです。こうした状況にあることを知りながら，どうしてこんな対応しか出来なかったのだろうか私にはまったく理解

できません。首都圏自動車保険営業部営業第2課長の亀山大吉は，3月まで宇都宮支店で火災保険担当の営業係長をしていましたが，4月に課長に昇進し異動してきました。大学時代には体育会ボート部でコックスをしていたとのことで，部下思いの親分肌と言ったところです。担当が火災保険から自動車保険に変わり，仕事の面での戸惑いもあると思われますが，さっそく問いただしてみましょう。

坂本取締役自動車保険営業本部長：

今回の件は，亀山課長がしっかり対応していれば問題は発生していなかったでしょう。しかし，自動車保険に収入の50％以上を依存しているわが社にとって，商品としての自動車保険，宣伝体制，営業活動，顧客へのきめ細かな対応，代理店制度など全社的に検討しなければならない問題のような気がします。現在進行中の新中期計画に基づいて全社業務改革会議が昨年から設置されていますが，議論は不活発で，最後はコンサルタント会社に丸投げしようといった声も出ています。この会議の結論とは別に，われわれに出来ることはすぐに検討すべきだと思います。このままではいけないので営業第1課長や亀山営業第2課長たちと早急に検討に入ってくれないかな。しかし，とりあえず亀山課長に手紙の差出人である芳川教授を尋ね，お詫びと当社の自動車保険の説明をしてほしいと思います。

中山首都圏自動車保険営業部長：

かしこまりました。亀山課長には私から注意し，さっそく今日にでも先方に伺わせます。自動車保険の営業体制については，私たちだけで決定できる問題ばかりではありませんが，私たちに出来ることから検討し，全社業務改革会議に提案できるように努力したいと思います。

坂本取締役自動車保険営業本部長：

この件については，社長室長と私と君が知っているだけです。社長室長は，大学も入社も二年後輩で，これまでお互いに助け合ってきたので今回も連絡してくれたのでしょう。しかし，これがお客様相談室に

知れ，彼らが重要問題として認識すれば，これまでの経験から社長や役員，そして全社の部課長全員にこの手紙が回覧されることになるでしょう。大学の後輩である君や亀山君の将来を考えれば，そこまでことを大きくしないようにすることが必要だと思います。

4．中山営業部長と亀山営業課長の会話

　中山部長は亀山課長を応接室に呼んで事情を問いただした。

亀山営業第2課長：
　6月11日午後4時過ぎに，昨年入社した女子課員から「お客さんから再契約に関してクレームの電話がかかっています。課長に直接話したいとのことです」と言われました。当日は，次の日までに自動車ディーラーの保険代理店へ郵送する少し込み入った契約書があったのと，部長も参加された社内の大学同窓会が6時から太陽ホテルでありその幹事役を任されていたので，不謹慎ながら「こんな忙しいときに，適当に対応しておいてよ。必要なら代理店に電話して対応してもらってほしい」と彼女に指示したのです。後で聞くと，彼女は担当する自動車ディーラーの保険代理店に電話をかけて，「そちらで話を聞いて対応してください」とお願いしたようです。月曜日に出社して彼女から何の話もなかったのでそのままにしていたのです。そしたら突然にお客様相談室から連絡があったので，芳川教授に事情説明の電話をしました。教授から「君とは話したくない。上司はいないのか」と尋ねられたので，「それは勘弁してください。私もサラリーマンですから」と返事をしました。芳川教授は不満のようでしたが電話はそれで終わりました。社長に直接手紙を書くなんて次元の話ではないように思うのですが。最近，こういう契約者が増えて困りますね。

中山首都圏自動車保険営業部長：

　　亀山君，君はことの重大性を認識していないようだね。この対応を誤ると，君の将来にも傷が付きかねないですよ。君の将来と言うより，わが社の保険についての考え方が問われているように思います。分かりますか。ここで議論するより，君はとりあえず芳川教授を訪ねて，お詫びをしてきてください。

　午後2時半，芳川教授を大学に訪ねた亀山課長から中山部長に次のような電話が入った。

亀山営業第2課長：

　　申し訳ありません。2時に教授を訪ねましたが，面会の約束は1時だったと言われ，受付の学内電話で話をさせていただいただけで直接にお会いできませんでした。同席していた大学院生も1時と電話口で先生が約束したと言っているそうです。たぶん約束の時間は1時だったのでしょう。たるんでいるとしか言えない失態です。今日はこのまま帰ります。それと教授によれば，1時半にお客様相談室に電話をして，私が約束の時間に来ないことを伝えたと言うのですが，調査すると言うだけで今現在も連絡がないとのことでした。先ほど第2課に電話をかけたらお客様相談室から連絡があったが，私が携帯電話を持っていなかったので連絡できずそのままにしておいたということです。今回の件は，私の管理職としての問題ばかりでなく，組織の問題がいたるところで露呈しました。すぐに帰社し，相談させていただきます。

　電話を終えて中山首都圏自動車保険営業部長は，坂本取締役自動車保険営業本部長にどのように報告すればいいか思い悩んだ。

（設問）
1．坂本取締役自動車営業本部長の対応は適切なものであったでしょうか。
2．中山首都圏自動車営業部長の対応は適切なものであったでしょうか。
3．はじめ亀山第二課長は芳川氏の苦情にどのように対応すべきだったのでしょうか。
4．同社および首都圏自動車営業部，同部営業第二課に組織的問題があるとすればどのようなものでしょうか。
5．顧客からの苦情に対して会社はどのような対応をすべきでしょうか。
6．あなたが亀山第二課長の立場にあればどのようにしますか。
7．あなたが中山首都圏自動車営業部長の立場にあるとすればどのようにしますか。
8．このケース（討論）から，マネジメントについて学び得たことがあるとすればどのようなものですか。

ケース9
「オリオン銀行日本支社：仕事引継ぎの混乱」

1．ケースの背景

　オリオン銀行は，1812年に創業され，1990年現在，ニューヨーク本店の他に世界80か国に支社，支店を持つ世界有数のグローバル銀行として知られていた。

　オリオン銀行の日本進出は，1909年（明治35年）10月，横浜支店の開設に始まった。当時の横浜支店は，貿易金融にかかわる信用状の開設，輸出手形の買取などを主要業務としていた。第2次世界大戦勃発によって一時業務を停止したが，終戦翌年の1946年（昭和21年）7月には，オリオン銀行日本支社として東京を中心に業務を再開し，連合軍占領下で海外資産が凍結されている日本の銀行や企業に対する信用状の発行や輸出手形などの外国為替業務を代行していた。1955年（昭和30年）ころから鉄鋼や電力などの基幹産業への直接投資も行うようになり，近年は，金融自由化の波に乗り投資部門，個人金融部門，クレジット・カード部門が特に活発な活動を展開し，業績はきわめて順調であった。

　オリオン銀行日本支社は，東京本部の他に赤坂，青山，横浜，神戸，大阪，名古屋に6つの支店を持っていた。支社には，日本支社長をはじめ，オリオン銀行ニューヨーク本店採用の約20人の出向幹部と支社採用の行員約350人

＊このケースは、吉田優治（千葉商科大学教授）が集団討議の基礎となるよう作成したものであり，組織や管理についての正しい（望ましい）処理とか誤った（望ましくない）処理の実例を示そうとしたものではない。このケースは関係者へのインタビューおよび関係資料に基づき作成されているが，教育的視点から一部脚色されている。ケースにおいて使用されている人名，会社名，地名，数値などはすべて仮装されている。このケースの著作権はジャパンケースバンク（JCB）によって所有されている。ケースをコピーして無断使用することは認められない。ケース使用にあたってはJCBの許可とこの注記を付すことが必要である。

が働いていた。人事制度については，ニューヨーク本店の人事制度を基本としながらも，日本の法律に抵触するものについては日本支社人事部が支社独自の制度を作成し，実施していた。

2．田代副社長補佐の懇願

　1990年11月25日の朝，財務部担当副社長補佐の田代　淳は，同部の新金融商品支援グループのマネージャー・西村冬子をデスクに呼んだ。

　田代　淳副社長補佐は，1946年生まれで，外国語大学の英文学科を卒業後，1979年にオリオン銀行日本支社に採用され，入行後は投資部のディーラー，そして1985年以降はチーフディーラーを務め，1990年4月に財務部に移って副社長補佐となり，日銀，大蔵省，ニューヨーク本店などへ提出する決算報告書作成の責任者となった。

　西村冬子は，1962年生まれで，東西大学で会計学を専攻し，大学院に進み，経営学研究修士課程で税法を学び，在学中に税理士資格を取得，修士課程修了後の1987年4月，オリオン銀行日本支社に採用され，財務部・新金融商品支援グループに配属となり，スワップ（固定金利顧客と変動金利顧客の金利の交換），スワップション（顧客が銀行にあらかじめプレミアムを支払うことによってスワップを行う権利を所有する契約），フォーリン・エクスチェンジ・オプション（顧客が銀行にあらかじめプレミアムを支払うことによって外貨を将来の一定期間または一定日に一定の価格で購入または売却する権利を所有する契約），シーリング・フロアー（変動金利契約を行った法人と銀行との間の契約である。銀行が法人顧客よりあらかじめプレミアムを受け取ることによって，契約期間中にあらかじめ設定された一定金利範囲を上回るあるいは下回る金利変動によって生じる顧客の損失を負担するもの）などの新しい金融商品の決算報告書をニューヨーク本店に提出するため，日本の会計基準で作成された決算報告書をアメリカの会計基準で書き変えるという，日米両国の税法の知識を必要とする仕事を担当していた。彼女には2人の秘

書が付けられ，2人は西村の指示によって仕事を処理していた。

　西村冬子は，1991年1月27日予定の結婚を機会に退職を決意し，1990年10月31日付けで退職願いを会社に提出し，会社も1990年12月31日の退職を承諾していた。

　彼女は，はじめ1990年7月に退職し，10月に結婚の予定であったが，田代副社長補佐に，その気持ちを非公式に話すと，田代から「今，君に辞められたら，君の仕事を引き継げる者がいない。君がしてきた仕事は，特殊な会計知識がないと難しい仕事だし，そのやり方を君が1人でこれまで設計してきたわけだし，常に修正を加えていかなければならないから，すぐに後任を捜すというわけにもいかない。たとえ適任者がいたとしてもあと2か月間で仕事の引継ぎを終えるのも難しいだろう。せめて代わりの者に仕事を引き継ぎ，後任が1人で仕事が出来るようになるまで退職を延ばしてくれないか」と繰り返し懇願された。そのため彼女は，そうした職場の状況や，これまでしてきた仕事を無責任に放り出すことにためらいを感じ，婚約者や親たちに事情を説明して了解してもらい，やむなく退職と結婚式の予定を延期していた。

田代：昨日，自宅に結婚披露宴への招待状が届きました。結婚準備の方は順調に進んでいますか。

西村：新居を捜したり，結納，家具選び，式の準備など思っていたより大変です。会社で仕事をしている方が気楽です。

田代：仕事も順調だし今年限りで辞めてしまうのは惜しいような気がするな。もう少し頑張れば来年には年収だって800万円は越えるでしょうに。

西村：私自身としては，仕事も楽しくなってきたし，職場もいい人ばかりなので退職するのは残念なんですけれど・・・。

田代：彼が，家庭に入ってくれと言うのですか。

西村：それはないです。ですけど，大学，大学院，そして税理士受験とせわしなく過ごしてきましたし，入社後は決算報告書の締切が集中する月初には夜12時過ぎの帰宅が毎月10日間も続いたし，少し休んだ方がい

いんじゃないかと言うんです。それに，せっかく税理士の資格を取ったので，将来は独立して会計事務所を持てればと考えているんです。このまま今の仕事を続けていては，所得税や相続税の勉強も出来ませんから，失業保険をもらった後は会計事務所で働きながら修業しようと考えているんです。・・・それに子供が出来れば今の仕事を続けることは難しいし，新居からここまで2時間もかかりますので，思い切って次のステップをめざし退職することに決めたんです。

田代：その決定は正しいですよ。私の家内は，小学校の教師をしているので，女性にとって家庭と仕事の両立が難しいことはよく理解できます。それに，西村さんの場合は，税理士の資格を持っているのですから将来のことを考えれば，そうすることがベターのように思われますね。ところで，君の後任者の鈴木君が国連職員の採用試験に合格したことを知っていますか？

西村：え！あの鈴木君がですか。まったく知りません。田代さんは知っていたのですか？

田代：僕が知っていたら，君の後任なんかにさせてやしません。参ったな。いや昨日の帰り際に，「国連の採用試験に合格したので，12月いっぱいで退職したい」と言ってきたんです。本来なら上司である君に言うべきなんでしょうが，君も12月いっぱいで辞めてしまうので僕に言ってきたと言うんだ。何度も説得したんだけれど，一度決めたことだし，それに就業規則では退職2週間前までに所属部門長を通じて人事部に退職申告すればよいことになっているからと言うんです。彼の言う通りなんだけれど，急なことで驚いてしまいましたよ。・・・今日は合格通知書を取りにいくとかで午後から出社すると言っていました。

西村：彼は私に何も話してくれませんでしたから，昨日もスワップションの決算報告書の仕分けのやり方を教えていたんです。信じられません。

田代：昨日の昼過ぎに自宅に合格通知が届いたらしいんです。

西村：もう知りませんよ。よく調べてから後任者を選んだんですか。私は，

結婚式と退職を延ばして彼に仕事を引き継いできたんです。こんなことなら，夏に退職してしまえばよかったわ。何のために私は，彼に一生懸命に教えてきたのかしら。彼は，米国で MBA も取得し，英語も堪能ですが，特に会計や税法の勉強をしてきたという訳ではないので，あまりおもしろくなかったようでしたが。そう言えば，45歳から始まる早期退職割増制度について彼はしばしば不安を漏らしていました。40歳になる彼のテニス仲間が「先月，早期退職勧告を受け取った」と言って驚いていました。男の人にとっては，将来に不安を感じるんじゃないんですか。私はこの後の責任は持てませんからね。他行からのヘッドハンティングを考えてもいいんじゃないんですか。

田代：実を言うと，君の退職の話を聞いてから，ヘッドハンティングの会社に頼んでいるんですが，なかなか適任者がいなくてね。僕も君に無理を言える立場にないことはよく承知していますが，本当に困ってしまってるんです。勤務時間や処遇については責任を持って人事部と交渉するから，結婚してもしばらくの間は仕事を続けてもらえないでしょうか。

　西村の後任に選ばれた鈴木龍太郎は，1961年生まれで，東西大学経済学部を卒業後，テキサス州のビジネス・スクールに留学し MBA を取得し，1988年7月にオリオン銀行日本支社に採用された。彼は，入行後，財務部の国内決算グループに所属し，各支店が提出する決算報告書の点検を担当していたが，1990年8月，西村の後任として新金融商品支援グループに異動し，西村から仕事のやり方を教わっていた。

　西村と田代は，溜め息をつき，コーヒーを飲みながらガラス越しに見える皇居の緑をしばらくの間ボンヤリと眺めていた。

（設問）
1．あなたが西村冬子だったら，どのような意思決定をしますか。それはなぜですか。
2．あなたが西村冬子の婚約者であったら，彼女にどう助言しますか。それはなぜですか。
3．あなたは鈴木龍太郎をどう思いますか。
4．あなたは田代　淳をどう思いますか。
5．あなたが田代　淳だったら，どのように問題を処理しますか。それは何故ですか。
6．あなたがオリオン銀行日本支社・人事部の責任者だったら，この問題をどのように処理しますか。それは何故ですか。
7．このケースを通じ，マネジメントの問題として何を学ぶことが出来ましたか。

ケース10
「桜機械株式会社：総務部長の悩み」

1．桜機械株式会社の概要

　桜機械株式会社（以下，桜機械と略称する）は，工作機械を中心とした機械製造メーカーであり，各種機械の製造および販売を行ってきた。同社の資本金は13億円，従業員数630名，1986年度の売上高は150億円，経常利益は約5億円であった。同社は，1905年に設立され順調な成長をとげたものの，第2次世界大戦直後に巨額の資金を投入して開発した主力機械の売上が伸び悩んだことから経営が逼迫し，ついに1947年には当時わが国有数の機械製造会社であった日本機械株式会社（以下，日本機械と略称する）に全株式を譲渡し，その傘下に入った。それ以降，桜機械は，日本機械グループ会社となり，トップマネジメントには日本機械から人材が送り込まれていた。日本機械は，1924年に設立された機械製造メーカーであったが経営者の卓越した経営手腕によって次々に市場ニーズに合った各種機械の開発製造に成功し短期間のうちに大きく成長した会社であった。日本機械が，桜機械を傘下に収めたのは，桜機械がそれまでに培ってきた工作機械の技術を吸収することによって日本機械およびそのグループ各社の基礎技術力を向上させるとともに，桜機械を日本機械グループの工作機械製造工場として位置付けたかったからであった。そうした事情から同社の取り引きは，その約4割までが日本機械を中心とす

＊このケースは，吉田優治（千葉商科大学教授）が集団討議の基礎となるよう作成したものであり，組織や管理についての正しい（望ましい）処理とか誤った（望ましくない）処理の実例を示そうとしたものではない。このケースは関係者へのインタビューおよび関係資料に基づき作成されているが，教育的視点から一部脚色されている。ケースにおいて使用されている人名，会社名，地名，数値などはすべて仮装されている。このケースの著作権はジャパンケースバンク（JCB）によって所有されている。ケースをコピーして無断使用することは認められない。ケース使用にあたってはJCBの許可とこの注記を付すことが必要である。

る日本機械グループ各社との間で行われ，その業績は日本機械グループの順調な発展にともない，ここ10年間は全体としてきわめて順調な伸びを示してきた。しかし，近年の円高の影響を受けて日本機械グループ全体の業績が悪化すると，同社の業績も急激な落ち込みが目立ち始め，一層の企業努力と各種経費の削減が求められるようになってきた。

2．副社長の電車帰宅

　1987年10月のある日の夕方，いつものように午後4時半を少しまわった頃，小林達夫庶務課長は，高橋誠治副社長の部屋におもむき，書類を整理していた高橋副社長に次のように尋ねた。

小林庶務課長：帰りのお車は，何時ごろにご用意しましょうか。
高橋副社長　：今日も鈴木相談役が車を使っているんだね，近頃，相談役は，随分と車を使うようになったなあ・・・。
小林庶務課長：申し訳ございません。今日は，朝から千葉へゴルフに出かけられたようです。昨日は，奥様がお友達と御一緒にデパートへお出かけになるのに使われていたようですが。
高橋副社長　：何も君が謝ることはない。僕のためにタクシーを呼ぶのなら，今日は電車で帰るから心配しなくていいよ。タクシーは，運転が乱暴だし乗り心地も良くないからね。今朝は，手配してくれたタクシーがなかなか自宅に来ないものだから，定例部長会議に20分も遅刻してしまったよ。
小林庶務課長：そうだったんですか。タクシー会社には，たびたび注意しているのですが・・・。電車はちょうどラッシュ・アワーの時間帯ですし，すぐにタクシーを呼びますので少しお待ち下さい。
高橋副社長　：たまには，ラッシュの電車に乗るのもいいだろう。車ばかり

使っていると，足腰も弱くなるし若い人達の流行もわからなくなってしまうからね。

　そういい残して高橋副社長は，上着に手を通し書類のぎっしり入った鞄を小林庶務課長に渡すと副社長室を出てしまった。小林庶務課長はあわてて高橋副社長を玄関口まで追いかけたが高橋副社長は，「ここでいいよ」と言って鞄を受け取り何も言わずに出てしまった。小林庶務課長は，どうしてよいかわからず「お疲れ様でした」と言って深くお辞儀をするのがやっとだった。小林庶務課長は，すぐに事務所に戻り取締役総務部長の野間秀男にことの始終を報告した。

野間取締役総務部長：困った事になったなあ。こうしたことは，以前にもあったのか。

小林庶務課長　　　：いいえ，初めてのことです。高橋副社長にタクシーを用意することはやや抵抗はあったのですが，副社長は，技術屋らしく仕事に対して厳しくどちらかと言うと細かいことにもうるさい方ですが，普段は温厚な方ですから配車の件ではあまり心配はしていなかったんですが。

野間取締役総務部長：僕も，少しその事を気にかけてたんだけれども・・・。明日の朝は，どうなっているの。

小林庶務課長　　　：相談役は，ゴルフ疲れで自宅休養とのことですので，車は高橋副社長宅に向かわせようと思います。

野間取締役総務部長：それは良かった。その事を運転手にもう一度確認しておいてくれよ。

古葉庶務課長　　　：はい，かしこまりました。しかし，これから先のことはどのようにしましょうか。経費削減の折，すぐに車をもう１台増やすというわけにはいかないし・・・。

野間取締役総務部長：一晩ゆっくり考てみるよ。この件については明日もう一度話し合うことにしよう。

　野間取締役総務部長は，帰りの電車のなかでいろいろと思いめぐらしたが，役員の待遇問題であるだけに早急に答えを出すことは出来なかった。

3．桜機械のトップマネジメント

　同社は，日本機械の完全子会社であることから上級役員のほとんどが日本機械から送り込まれていた。

　上原孝一代表取締役会長（69歳）は，高等小学校しか卒業していなかったが，持ち前のバイタリティーで日本機械では営業担当の専務にまで登りつめ，3年前に桜機械の代表取締役会長に就任した。同社では，みずから「隠居」と決めこみ，毎日出社するもののよほどのことがない限り自室で新聞や業界誌に目を通したりしているだけで，仕事に積極的に取り組むことはなかった。

　清水利明代表取締役社長（63歳）は，前社長の急死によって1年半にわたり空席であった社長ポストに半年前に就任した。清水社長は，中堅の食品会社オーナーの長男として生まれ育ったが，オーナーである父と意見が合わず国立大学の工学部を卒業するとすぐに日本機械に入社し，桜機械に来るまでは日本機械で製造担当の筆頭常務をしていた。清水社長は，半年前に桜機械に移って来たこともあり，実際の仕事についてはもっぱら同社生え抜きの高橋社長に任せきっていた。また清水社長は，育ちの良さから醸し出される上品で温厚な人柄も手伝ってみずからの意見を強く押出すこともなく，社長室の社員からさえ「新社長は一体何を考えているのかよくわからない」との声が上がっていた。清水社長は，日本機械から天下りしてきたことから，「落下傘社長」などと陰で言われていた。

　福田良雄取締役副社長（61歳）は，5年前に日本機械の技術開発担当の常務から桜機械に副社長として移ってきた人物であったが，それ以降これとい

った仕事もせず1日中自室にこもり新聞を読んだり手持株の運用について証券会社と電話連絡をするといった毎日であった。しかし，日本機械から役員が来社すると突然会議室に顔を出し「やぁやぁ」と言って日本機械時代の昔話に花を咲かせたり，場違いな発言を繰り返し，しばしば失笑をかっていた。その上，日本機械の役員の前ではさも仕事をしているといった素振りを示し，部下にあれこれ勝手な指示をするので部下からの評判は悪く，社内でも福田副社長抜きでほとんどの仕事が進められていた。陰では，「窓際副社長」などと呼ばれ，噂では次の株主総会で副社長を解任され顧問になるのではないかとの声がもっぱらであった。

高橋誠治取締役副社長（59歳）は，旧制の工業専門学校を卒業して桜機械に入社し，以来38年間にわたり同社の技術畑一筋に歩んできた技術者であり，日本機械グループ最高技術者会議にも所属し，日本機械の社長からもしばしば呼び出され技術的なアドバイスを求められていた。これまでに高橋副社長は，製造部長を8年間，常務を4年間，専務を2年間経験した後，3年前に副社長に昇格した。この昇進にあたっては，前会長で相談役に退いた鈴木氏が強力に推薦したことが社内の常識となっていた。高橋副社長は，同社に生え抜きのトップであることから社内での信望は厚く，仕事に対するバイタリティーは誰もが認めるところであった。また，1年前の前社長の急死以降，社長ポストが空席だったことから社内のすべてを掌握し実質的に社長職を代行していた。社内では，「もしかすると高橋副社長が，そのまま社長に昇格するのではないか」との噂が流れ，生え抜き社長誕生の期待も高かった。半年前に，清水社長が就任してからも実質的に同社を1人で切り回していた。

鈴木春男相談役（74歳）は，12年前に日本機械の筆頭専務から桜機械の社長に就任し，6年前に会長となり，3年前に相談役となった。日本機械在席中はもとよりのこと，桜機械での社長および会長在任中もバリバリ仕事をこなし，グループ各社に睨みがきくことから，実力派社長として同社に君臨していた。しかし，相談役になってからは次第に仕事の量を減らし，ここ数年間は週に1度ほど会社に顔を出す程度となり，重要な決定に参与する機会も

少なくなってきた。清水新社長就任の際にも，鈴木相談役は高橋副社長を新社長に推薦するつもりでいたが，日本機械からの何の相談やアドバイスも求められず，清水氏が社長就任前に突然に挨拶に来たことからそこで初めて新社長の人選がすでに終了していることを知らされたのであった。

野間秀男取締役総務部長（52歳）は，20年前の不景気の際に日本機械から出向というかたちで桜機械の庶務係長として入社し，それ以降，庶務や総務部門を歩んできた。3年前に，一部の役員から時期早尚との反対があったものの高橋副社長の強力な推薦で総務部長から取締役総務部長に選任された。野間氏は，そうした事情から高橋副社長には少なからぬ恩義を感じていた。

その他の役員は，全員が同社の出身であった。

4．役員への配車

同社は，役員車として社長専用車を1台所有しているが，その他にもハイヤー会社から運転手付きで役員車を2台リースしていた。社長専用車の経費は，運転手にかかる人件費，ガソリン代をはじめとする車両維持費，自動車電話代，税金，それに車両の減価償却費を入れて，年間約1500万円ほどが必要であった。一方，リースしている役員車には，1台あたり総額で月平均で約130万円ほどの経費がかかっていた。

前社長在任中は，前社長が社長専用車を，上原会長が役員車の1台を，鈴木相談役がもう1台の役員車を利用していた。しかし，鈴木相談役は毎日出社するわけではないため，相談役が車を利用しない日には，他の役員が仕事の必要に応じてその車を利用していた。前社長の急死後は，上原会長が社長専用車を，鈴木相談役がそれまで通り役員車の1台を，そして高橋副社長が残りの役員車の1台を利用し，鈴木相談役が車を使わない日にはもっぱら福田副社長がその車を使っていた。しかし，清水新社長が就任してからは，清水社長が社長専用車を，上原会長が役員車の1台を，そして鈴木相談役がもう1台の役員車を利用し，相談役が車を使わない日には，高橋副社長がその

車を利用していた。また相談役が車を使う日には、1年間にわたって役員車を個人的に利用してきた高橋副社長に電車通勤させることも出来ず、野間総務部長は小林庶務課長に指示して、これまで福田副社長にしてきたのと同様に高橋副社長にもタクシーの配車を行った。タクシーにかかる経費は、出社、帰宅、外出など合わせて、毎日利用している福田副社長の場合で月平均約30万円、そして月に平均して4日から8日程度利用する高橋副社長の場合で月平均約20万円といったところであった。

5．総務部長の悩み

　これまでにも野間総務部長は、役員の配車に関する規定を何度となく作成しようとしたことはあったが、その時々の役員間の微妙な力関係でそれを実現出来なかったことを思い起こした。彼は、今回の場合も以前と同じことだと考えざるを得なかった。彼は、高橋副社長が同社を実質的に切り回し誰よりも仕事の上で専用車を必要としていること、最近になり鈴木相談役が仕事以外の目的に車を使用する機会が多くなってきたこと、さらに自分の取締役昇進に際して高橋副社長から強力な推薦を受けたことなどから、高橋副社長にタクシーを手配することに少なからぬためらいを感じていた。しかしながら、円高の影響を受けて業績が著しく低下している状況において、役員車をもう1台増やすのは困難であり、かといって鈴木相談役に車の使用を制限したりハイヤーやタクシーを配車するとも言い出すことが出来ず、さらにもう1人の副社長である福田副社長への配車との兼ね合いもあり、この問題をどのように処理すべきか頭を痛めていたところの出来事であった。

　野間総務部長は、夕食後、自宅の居間でテレビを見ながら役員への配車についてあれこれと考えた。野間総務部長は、この件について先ず常務や社長に直接相談しようとも思ったが、役員間の待遇に関するデリケートな問題でもあることから慎重にことを運ばねばならないと考え、深夜までウイスキーを飲みながらさまざまな思いにふけった。野間総務部長は、数日前に高橋副

社長と2人で飲んだ時，高橋副社長が「本社から来た連中は，まったく仕事が出来ないんだからな。何かを自分からしようという意欲がまったく感じられないんだ。うちの会社は，まるで本社の養老院だな」と言った言葉がやけに印象的なものとして頭に残っていた。

　（設問）
　1．このケースにおける主要な問題点が何であるのかを討議せよ。
　2．あなたが，野間取締役総務部長であったらどのような決定をしますか。
　3．このケース分析を通じて，マネジメントの問題として何を学び得ることが出来ますか。

ケース11
「株式会社ピッコロ：営業所長の怒り」

1．ケースの背景

　株式会社ピッコロは（以下，ピッコロと略称する），1954年に設立され，事務用品，文房具，オフィス家具，オフィスインテリア用品の製造・販売を主たる業務とする会社であった。2000年12月，資本金9億円，売上高347億円，経常利益約3億円，従業員数は729名であった。ピッコロは赤字決算にはいたっていなかったが，ここ3期連続の減収減益で，従業員も自然減や採用抑制によりここ3年で80名ほど減少した。ピッコロは，本社を東京の品川に構え，大阪支店，8営業所，2物流センター，2工場を擁していた。

　ピッコロの組織は，職能別に編成されており，東京本社には商品企画室，3つの営業部（下部組織として5営業所），製造部（下部組織として2工場），2つの物流センター，経営企画室，広報室，総務部，経理部，人事部，システム部などが設置されていた。大阪支店は2営業部（下部組織として3営業所），支店総務課などから成っていた。また，常務取締役以上の役員には担当制をしいていたが，部門長を兼務する者もいた。同時に彼らは，経営の重要事項を審議する経営会議のメンバーでもあった。

　経営会議は月に1回社長の主催により本社において行われ，その運営は取締役経営企画室長によってなされていた。経営会議のメンバーとその序列は，

＊このケースは，中村秋生（共栄大学教授）が集団討議の基礎となるよう作成したものであり，組織や管理についての正しい（望ましい）処理とか誤った（望ましくない）処理の実例を示そうとしたものではない。このケースは関係者へのインタビューおよび関係資料に基づき作成されているが，教育的視点から一部脚色されている。ケースにおいて使用されている人名，会社名，地名，数値などはすべて仮装されている。このケースの著作権はジャパンケースバンク（JCB）によって所有されている。ケースをコピーなどして無断使用することは認められない。ケース使用にあたってはJCBの許可とこの注記を付すことが必要である。

以下のとおりである。

・代表取締役社長
・代表取締役副社長（経理・システム担当）
・代表取締役専務（人事担当：人事部長）
・代表取締役専務（総務担当：総務部長）
・常務取締役（営業・物流担当）
・常務取締役（商品企画・製造担当：商品企画室長）

　ピッコロでは，同族経営と老害を嫌う創業者からの申し伝えによって，「子弟を入社させない」，「役員は65歳までに原則として退く」ということが不文律として守られてきた。従来経営会議のメンバーは代表取締役専務以上としてきたが，社長以下前経営陣が退陣した結果構成に歪みが生じ，新たに常務取締役をメンバーに加えることになった。なお，前メンバーの構成およびその異動状況は次のとおりであった。

・代表取締役会長　　　　　　　　　　　→　引退
・代表取締役社長　　　　　　　　　　　→　相談役，死去
・代表取締役副社長（商品企画担当）　　→　顧問
・代表取締役副社長（経理・システム担当）→　代表取締役副社長
　　　　　　　　　　　　　　　　　　　　　（経理・システム担当）
・代表取締役専務（製造担当）　　　　　→　顧問
・代表取締役専務（営業・物流担当）　　→　代表取締役社長

　現社長の金沢　肇は，1942年に東京で生まれ1965年に東京の私立・三田大学卒業後ピッコロに入社し，一貫して営業部門を渡り歩き，本社にある3営業部すべての部長を経験していた。金沢社長は大学時代ラガーとして全国レベルの活躍をし，熱血漢として知られていた。彼は現場主義にこだわり，売

場を徹底して回り自分の目で確かめ，売場の販売員の声に耳を傾け，また得意先との親密な交流を図ることによって優れた営業成績を残してきた。彼は1998年1月の社長就任の時，社内報のインタビューにおいて，「私は，根っからの営業マンです。ずっと営業一筋できました。営業のことなら誰にも負けないつもりですが，人事や経理のことは素人です。でも，わが社の経営陣には人事や経理の優れた専門家がいます。それらは，彼らに任せて，私はいわば営業担当社長としてわが社をさらに盛り上げていくつもりです」と述べた。後日，広報室がこのインタビュー記事を読んだ社員の感想についてアンケートをとったところ，「金沢さんらしい素直な発言だ」というものが多かったが，「社長としての自信がないので開き直っているみたいだ」というものも少なからずあった。

　金沢社長がそうであったように，こうした同一職掌の水平的な異動は，ピッコロの人事異動の特色であり，役員の多くも同様のキャリアを辿っていた。ここでは，本人の希望や育成を目的とする計画的なローテーションよりも機能効率を重んじた会社都合に基づく業務命令による異動が重視されていた。したがって，スタッフ部門（以下，スタッフ）からライン部門（以下，ライン），ラインからスタッフへの異動はあまり多くなく，とりわけ後者の異動は稀なことであった。スタッフに欠員が生じた時は，期中採用やラインからの異動によってではなく，新卒者の採用によって補充することが優先された。

2．社員教育

　ピッコロの人事部は，人事課，厚生課，労務課からなり，社員教育の主管は人事課であった。人事課は主として，人事企画，採用，社員教育，人事考課，異動，昇格等の業務を担当しており，その構成人員は課長以下男子3名，女子2名（一般事務職）の計6名であった。

　人事課に課長補佐の中島義久がいた。中島は，1964年に埼玉県に生まれ，一浪して東京の私立・西北大学に入学。1988年3月に同大学を卒業と同時に

ピッコロに入社した。本人の強い希望もあって，当時欠員のあった人事課に配属された。それ以後，一貫して人事管理業務に従事してきた。人事課に配属された際の課長が現在の人事部長であり，当時の直近の先輩が現在の人事課長であった。

ピッコロの人事制度は職能資格等級制度をとっていたが，中島は同年入社者の中でもトップクラスの等級に昇格しており，すでに課長格であった。彼は，人事課における課長補佐として人事企画と社員教育の職務に関しては事実上の担当責任者を務めていた。ピッコロにおいて彼を最も良く知る人事課長の話によれば，2000年の9月に人事部長がプロジェクトリーダーとなり，外部のコンサルタント，人事課長，労務課長，経営企画室課長，労働組合の副組合長と書記長をメンバーとして人事制度改善プロジェクトを発足させた際，人事課長が極めて多忙のために彼の代わりに中島をメンバーとするよう，次のように人事部長に進言したとのことであった。「彼は，正義感が強く，努力家であり，論理的思考力に優れていると思われます。時として理にはしり過ぎるきらいがあることが気にかかります。このプロジェクトでは，人事課長が事実上のプロジェクトリーダーでしょうから，人事課長の代わりとなると彼がリーダーということになります。多少の不安はありますが，人事企画と社員教育の分野において彼より精通している者はわが社にはおりませんから，彼にやってもらいましょう」。そして中島が人事課長の代わりとして正式にそのプロジェクトのメンバーとなった。

ピッコロにおける社員教育のあり方は，社内における集合研修よりも本人あるいはその上司の要請に基づいてなされる社外研修への派遣に趣を置くものであった。個々人の職務上の必要性に応じて，豊富で様々な内容の中から適宜選択できる外部の教育研修団体や業界団体の提供する実用的な研修の方がピッコロでは好まれた。しかし，そうした外部研修を受講する者たちの大半は，スタッフのメンバーであった。その理由としては，ラインのメンバーは忙し過ぎて研修に参加するような時間をもつことが困難であったこと，とりわけ営業部門のメンバーは研修参加により営業活動ができない場合，その

分が直接売上成績に響く恐れがあったこと，それらの研修が社内の集合研修よりも実用的であったとしても，なお彼らにとっては一般的過ぎてそれほど役に立つとは思われていなかったことなどがあげられた。

ピッコロでは社内の集合研修にはあまり趣を置いてこなかったが，労働組合からの強い要請によって，階層別教育として新入社員研修（入社時，入社1年後のフォローアップ）と新任管理職（課長）研修の2本だけは継続して実施され，比較的コストもかけてきた。

3．新任管理職合宿研修：同期の話し合い

ピッコロでは，通常新任管理職は1月1日付けで発令され，新任管理職研修はその年度内においておおむね次のようなメニュー構成とスケジュールで実施された。

1月	新任管理職説明会（1日） ・課長としての心構え（人事部長） ・労働基準法，就業規則の説明と確認（労務課長） ・人事考課制度の説明（人事課長） ・部下管理上の注意（新入社員・異動者の受入れ，女子総合職の取扱い，セクハラ，身障者への対応，同和問題等）（人事課長）
1月〜6月	マネジメントに関する通信教育の実施（6か月間）
5月と11月	考課者訓練（各1日：外部講師・人事課長）
8月	リーダーシップ訓練（3泊4日の合宿研修：外部講師）
10月	心と体の健康（半日：嘱託医・カウンセラー）

2001年8月，静岡県の富士吉田にある他社の研修施設を借りて，3泊4日の新任管理職研修が行われた。例年，研修途中に社長の講演と懇親会が組み

込まれており，また全国の事業所の新任課長が一同に会して親睦を深め，情報を交換できることなどから，新任管理職研修はおおむね好評であった。2001年の研修対象者は14名であった。そのなかには，年長者として53歳（物流センター商品管理課長），52歳（工場の製造課長）がおり，年少者として中島と同期の36歳と37歳（いずれも営業課長）がいた。

　研修事務局としては，中島がただ一人参加しているだけであった。彼は，外部講師に対する事務的なアシストはもとより，午前と午後のお茶のサービス，さらには研修中毎晩懇親会と称して催される飲み会のための酒やつまみの手配そして終了後の後始末など雑務に忙殺された。懇親会は，しばしば夜中の1時，2時まで続いた。懇親会を通して新任課長たちは親睦や情報交換を深めていたが，中島もそうした場に同様の意義を感じ，彼らに細々としたサービスを行いながらも酒を片手に努めて彼らの話の輪の中に入り込むのが常であった。

　例年と同じように今回の研修の最終日も「明日帰れる」という開放感から，最後の懇親会は最高の盛り上がりを見せていた。中島は，皆と少し離れて飲んでいた2人の同期のところに腰をおろして彼らの話に加わった。同期の一人は，橋本伸二であった。彼は，1965年に大阪で生まれ，1988年に東京の三田大学を卒業。またもう一人の同期，斉藤紀夫は1964年に神奈川県で生まれ，1988年に東京の私立・渋谷大学を卒業。二人とも卒業と同時にピッコロに入社し，約1か月間の新入社員研修後，営業部門に配属された。それ以来，彼らは営業部門のなかでいつくかの課を異動し，異なる商品，得意先，地域に対する営業経験を積んだうえで，営業部門においては同期のトップをきって課長となった。

　同期のよしみもあって，話は今回の研修の感想，他の同期の近況，今の仕事のこと，家族のことなど様々な話題へと広がっていった。その後しばらくして大分酔いも回った頃，話題はいつしか人事考課の問題へと移っていた。先の6月に橋本と斉藤が課長として初めての人事考課をつけたことから，まず斉藤から中島に疑問が投げかけられた。

斉藤：中島，一つ人事考課のことについて聞きたいことがあるのだけれど，いいかい。

中島：今さら改まってなんだい。

斉藤：考課者訓練の時にも教わったけれど，うちの人事考課って確か絶対考課だよな。

中島：原則そうなっているよ。

斉藤：だったら，何で俺のつけた考課が，何の説明もなく修正されるわけ。俺は課長として部下の職務行動を充分知ったうえで考課をつけているつもりだ。それなのに，先日俺に人事課より戻された「人事考課一覧表」，軒並み俺のつけたものより下げられているじゃない。一対，どうなっているの。

中島：あっ，ごめん。これから順次，課長が説明に伺うことになっていたんだ。一応，僕が説明しておくね。絶対考課は，原則だと言ったろ。無条件で絶対考課なんかにしたら大変なことになるよ。だって，考えてごらん。斉藤のことを直接言っているわけではないから，気を悪くしないで聞いて。うちの人事考課の評語は上からS，A，B，C，Dだから，Bが標準ということになるよね。今，うちの業績ものすごく悪いだろ。3期連続減収減益で営業利益なんか赤字スレスレだよ。それなのに，何で営業部においてCやDの考課がつかないわけ。それどころか，販売予算ギリギリの業績しか上げていないのに，平気でAなんかついてくる。真面目に絶対考課でつけるのなら，予算どおりなんだから，Bがいいとこだと思うよ。少し部下に甘すぎないかい。特に，自分の部下の昇格の時期になると目にあまるものがあるよ。昇格するってことは，大幅に給与が上がるってことだよね。現状の業績のままこの調子で猫も杓子も昇格していったら，うちの会社は間違いなく破綻するよ。だから，絶対考課といえども各評語の出現率を人事部が中心となって調整し，相対化するしかないんだ。

橋本：お前の言う理屈は分かるけれど，この厳しい市況において毎月販売計画の予算に追われてごらん。部下の努力に応えてあげようとするのが普通じゃないの。スタッフの場合はどうなの。数字を持っていない分だけ楽じゃないの。それなのに，何かスタッフの方が俺たち営業よりも早く昇進・昇格していないか。確か，お前の課長も最短で昇格しているよね。俺たち同期23人の中で最も早く課長になったのは経理の藤井だし・・・。俺たちが営業のなかでは一番早く課長になったけれど，藤井は2年も前に課長になっているんだぜ。それにお前だって等級で比べれば斉藤より上じゃない。

斉藤：前々からおかしいと思っていたことがあるのだけれど，うちの会社って製造・販売の会社だよな。それなのに，うちの経営陣をみてみなよ。営業担当や製造担当が常務なのに，何で経理や人事，総務担当が代表取締役なの。スタッフだけで会社を運営していこうとしているのかね。だから最近，数字合わせだけのような販売予算計画が出てくるのだと思うよ。「こんな数字，できるわけがない」って，営業マンは皆言っているよ。だいいち，何で経理担当なんかがずっと副社長やっているんだい。

中島：そう言うけれど，副社長や人事部長，総務部長が経営陣として脇を固めていなかったら，社長はもたないと思うよ。組合の書記長がこの間言っていたけれど，労使協議会の席上で，組合長が労働協約の改定，人事制度の問題，会社の財務状況や財務体質改善の問題，コーポレート・ガバナンスに対する会社の取組み姿勢などに対して社長自身の考えを求めた時，しばしば社長は要領を得ない回答しかできず，組合幹部の失笑をかっていたそうだよ。営業担当の常務や製造担当の常務にしても，彼らの力を借りなければとてもやっていけないのではないかな。営業が業績をあげることができず，営業利益が赤に近いなかで何とか経常利益を残せているのも，副社長が中心となって営業外収益の確保に努力してきたからなんだ。だから，うちの利益は営業が稼いで

いるのでなくて，経理が稼いでいるのが現実なんじゃない。さっき，経理の藤井の話が出たけれど，彼が先に課長になって当然だと僕は思うね。彼は管理会計の専門家として，今まで言わばドンブリ勘定のようだった各部門の経費管理方式を体系化し，今日の部門損益システムを作り上げたのは彼の，というか彼にしかできなかった大きな功績だと思うよ。それに，藤井が副社長や経理部長に代わって銀行回りをしていること知っているかい。うちが利益をあげていないので，銀行がお金をなかなか貸してくれないらしい。だから，彼が粘り強く，何度も頭を下げて資金を調達しているんだ。先日，藤井にしては珍しく「本当に大変だ」と僕にぼやいていたよ。それからうちの課長にしてみても，人事考課のデータシステムをつくりあげたり，今日の職能資格等級制度の導入を図るなど，その他様々な実績を残しているよ。それ以外にも部下として色々と手本になることもあって，相当優秀な人だと思うけどな。

橋本： じゃあ，お前はどうなんだ。もし，お前が営業の他の同期の連中よりも先に課長なんかになったら，俺はインチキだと思うぜ。

斉藤： おい，橋本。いくら酔っているからといって，それは言い過ぎではないのか。中島に謝れよ。

中島： 別にいいよ。気にしていないから。それに大丈夫だよ。俺のような万年雑用係が課長なんかになれるはずがないから・・・。それよりも，もう2時だぜ。今日帰れるからといっても，まだ午後まで研修はあるんだよ。そろそろお開きにしませんか。

　中島の言葉を合図に，まだ少し残っていたその他のメンバーもそれぞれ自分たちの部屋に戻っていった。中島は一人残って，皆の飲み食べ散らかしたものや飛び散ったたばこの吸殻を黙々と片付け始めた。

4．営業所長

　ピッコロには全国8か所の営業所があり，各営業所の概要はほぼ同様であった。軽量鉄筋2階建ての建物に事務所，ショールーム，物流倉庫，応接室，会議室，社員休憩室が配置され，駐車場が整備されていた。人員はおおむね，営業所長以下，営業職（男子14名），物流職（男子2名＋パート2～3名），事務職（女子：営業事務2名，庶務1名）で構成されていた。

　営業所の営業対象は，百貨店や量販店のような大規模店舗や企業・官公庁などではなくて，中小規模の小売店であった。そのため地域に密着した親切できめの細かい商売を基本としており，結果として歴代の営業所長は地元の高校の出身者が多かった。慣れ親しんだ地元で仕事ができることや本社や支店の営業部門での大学卒業者との競争を考えると，そうした高卒の彼らにとって営業所長のポストは一つのゴールとされていた。

　営業所はあたかも一つの独立した事業所として，本社であればスタッフが担当すべきことも，そこでは大部分完結しなければならなかった。そのため，営業所長の職位は課長であったが，その職務や責任の範囲は通常の営業課長に比べて以下のように多岐にわたっていた。

・営業所の清掃・修繕・警備等，建物の管理
・サービスカー等の車両管理
・営業所の光熱費，庶務費，物流費等の経費管理
・地域活動（町内会，商店主たちの各種会合，消防・防犯活動，祭り，冠婚葬祭等への参加）
・事務職やパートの募集・採用およびその導入教育
・パートの出退勤管理
・商品管理，資材管理
・営業会議等出席のための本社への煩雑な出張　　　　　　　　　　等

また，営業所は小売店を担当するため，巡回訪問しなければならない店舗数が多く，各所長は多忙を極めていた。

　本社営業部の管轄は，札幌，仙台，新潟，長野，宇都宮の5つの営業所であった。長野営業所の所長は，小林満春であった。小林は，1950年に長野県で生まれ，1969年に地元の高校を卒業してピッコロに入社した。小林は，物流センターに5年，本社の営業部門に4年（百貨店担当営業），宇都宮営業所に6年勤務し，その後1984年長野営業所に異動，1995年長野営業所長となった。組合による組合員へのヒヤリングによれば，小林の所長としての評判は，「仕事の要求度は高く，なかなか妥協しない。しかし，真面目で，物腰は温和であり，部下に一方的に要求するばかりでなく，そうした高い要求が実現するように親身になって部下をサポートするような思いやりがある」といったものであった。

5．小林所長と中島との話し合い

　ピッコロの人事制度は職能資格等級制度を導入し形の上では能力主義を標榜したが，わが国の多くの企業と同様年功的な運用に流れ，今日の厳しい状況下においてそのままでは財政的に維持し得なくなっていた。中島等が中心となった人事制度改善プロジェクトにおいて，こうした人事制度の歪みの是正策が検討された。中島自身は，経済的合理性を第一義とし，職務主義に基づく人事制度への変換を主張したが，組合員の収入の低下あるいは不安化を招く恐れがあるとして，組合執行部からの同意を得ることができなかった。また，職務主義へと移行する場合，職務再調査，職務明細書の作成，評価制度の変更，格付けの変更，給与制度の変更，現在の処遇変更に伴う移行措置，制度変更にともなう説明や教育訓練など様々な負担や大きな手間が想定され，人事部内部からも難色が示された。そこで，こうした大幅な制度の変更については，まず組合員ではない管理職階層への導入を念頭においてもう少し時間をかけて継続審議されることになった。以上のような経緯から，このプロ

ジェクトの当面の検討課題は，現行制度の歪みを是正して本来のあるべき姿に近づけるために，制度内容やその運用方法の見直しを行い，それらの修正や充実を図るということに焦点が置かれた。

その後の審議の結果，2001年の9月に経営側と組合の同意を得て，現行の人事制度は主として以下のような部分的改定がなされ，2002年度より施行されることになった。

・昇格管理の厳格化
・目標管理と人事考課の連動を深め成果主義の色彩を強化
・職掌や資格等級ごとに人事考課表を作成・使用し，曖昧で総花的な考課を是正（それによって評価する項目内容や評価の配点がそれぞれ異なることになる）
・部下一人一人の人事考課表ごとに考課理由の記載を義務付けることによる甘い考課の防止
・目標管理の効果的な運用のための上司と部下の面談の徹底
・目標達成のためのOJTの強化・徹底および部下育成状況の管理職人事考課への反映
・号俸数の縮小，定期昇給幅の縮小，賞与幅変動額の拡大等職能給体系の修正

人事制度改定にともない，人事課長，労務課長，中島等が手分けして本社，支店を皮切りに，全国の各事業所を巡回して制度改定の主旨や具体的内容の説明にあたった。特に組合活動が盛んな現業職を多く抱える工場や物流センターは課長たちが担当し，中島は主に各営業所を回った。2001年の10月，中島は長野営業所の会議室において午後2時からその説明を始め，午後5時に終えた。終了後，小林所長は中島を応接室に通し，コーヒーを飲みながら話し始めた。

小林：いやー，中島さん，ご苦労さん。3時間もしゃべりっぱなしじゃ疲れたでしょう。

中島：そんなことないですよ。皆さんの方が，かえってお疲れになったのではないですか。

小林：ええ，確かに，わしらは，どうも座りっぱなしというのは性に合わないみたいですよ。ところでね，今日は色々と教えてもらって勉強にはなりましたが，実を言うと，人事部よお前もかというのが私の正直な気持ちです。

中島：えっ，それはどういう意味ですか。

小林：何で本社の連中は，よってたかってわしらの商売の邪魔をするのだろうか。経営企画室からは，先月下半期立ち上り時期のくそ忙しい時に，今後の業績予測をするからといって，今後3年間の得意先別・品番別の売上予測を立てろといってきた。そんなもん，いちいち分かりますか。だから適当にやっつけるにしても，過去の売上状況や各営業マンの意見，今分かる範囲の環境変化などを勘案しながら，一つ一つ積み上げていくと大変な作業になってしまう。しかも経営企画室の示した提出期限はたったの4日だけ。もう大変な騒ぎで商売どころではなかったですよ。この間はこの間で，商品の在庫状況を急遽洗い直すとかで経理部から要請があってね。しょうがないから，営業マンもかり出して倉庫作業をさせる始末です。

中島：そうですか，それは大変でしたね。そうした要請が営業になされていたことは僕も知っていました。ただ，彼らも社長や副社長の要請に基づいており，現場はやはり相当大変だったみたいですよ。

小林：そんなもんですかね。トップが出てくるとうちはすぐお手上げになってしまうよね。先だってお宅の課長から，「今までの異動の仕方では人事が停滞するので，うちも今後は計画的なローテーションを進めていかなければならない。ついては，同一事業所での勤務が長い者を優先的に動かしたい。所長のところの森君はそちらでもう10年になるの

で，来年1月に異動させたい」という要請がきましてね。そんなことされたらうちにとっては死活問題ですよ。森はうちのエース営業マンですからね。それに，何で今さら思いついたようにローテーションを始めるのか，わしにはよう分かりませんわ。お宅の課長に話しても分かってもらえなかったので，わしも奥の手を使って営業部長に陳情したのですよ。営業部長は「人事課長と交渉する」と言ってくれたのですが，結果はもう笑い話の世界です。部長曰く，「あかん。小林君。向こうは専務が出てきよった。森君の異動は今回しょうがないな」ですよ。情けないけれど，本当にしょうがないとしか言いようがありませんでした。そこで，森の後任として彼に匹敵するぐらいの営業マンを人事課長に要求したのだけれど，どうやらうちに回ってくるのは物流センターからの配転組の若造らしいんだ。冗談じゃないよね。人事部は一体何を考えているのですかね。わしは，人事部長には入社以来世話になっているし，人事課長とは一緒に新任管理職研修を受けており，しかも研修所では同室の仲なのですよ。だから，あまり人事部の悪口は言いたくないのだけれど，森の件といい，そして今回の人事制度の件といい，正直言って憤りすら感じているのです。

中島：人事制度の件というと，それはどういうことですか。今回の制度改訂においては，画期的なこととして労働組合幹部もプロジェクトに入れて検討を進めてきましたから，現場を無視したものにはなっていないと思うのですが・・・。特にこの改定は，従業員の能力育成に力点を置き組織全体の底上げを図ろうとする言わば「能力育成主義的人事制度」とも言える職能資格等級制度本来の意義に立ち返ろうとするものですので，組合員にとってのメリットも少なくはないはずです。

小林：だから，人事は現場を分かっていない，と言いたくなる。わしらにとっては，あなたの言うようなお題目はどうでもいい。要はそうした制度の改定によって，わしらの商売がやりやすくなるかどうかということです。わしらにしてみれば，これは制度の改定などではなく改悪と

しか言えません。

中島：所長，その言い方には，頷けませんね。

小林：だって，そうでしょう。あなたの言うように，今度の人事制度に従えば従うほど，わしらは事務所に縛り付けられ，肝心の商売に出られなくなってしまうじゃないですか。例えば，今回特に力を入れるとされる目標管理一つとっても大変な負担になりますよ。そのことを人事は分かっているのですか。目標管理のために使われる「目標シート」に部下はあれこれ書き入れ，それをわしがチェックし，その後，半期ごとに期首・期末そして中間面接をやらなくてはならないとしている。だから，少なくても年4回，わしは部下全員と話し合い，しかも一回あたり30分以上時間を取らなければならないとされている。わしの部下は19人ですから，一体どのくらい時間がかかると思っているのですか。

中島：所長，そうはおっしゃいますが，部下各自に勝手に営業をやらせているだけではもう駄目なんですよ。何を，どのようにやるのか。目標を明確にし，その目標達成のための道筋や方法などを管理職が部下に指導し，彼らの能力も育成していかなければ，結局は低迷している現状の繰り返しになってしまうではないですか。

小林：中島さん，わしは目標設定や部下指導そのものを否定したりはしていません。わしが言いたいのは，なんでこんな面倒なことを現場に押し付けるのかということです。こんな無駄なことをしなくても，わしは所内の会議において営業部の方針，月例の営業会議での結果などを部下たちに伝え，販売計画やその予算配分，あるいは営業所としての重点課題，あるいは部下たちから持ち込まれる問題など全員で知恵を出し合いながら話し合っています。各自の課題達成に関しては，必要に応じて彼らと同行セールスしたり，彼らから営業報告を受けた時などを利用して臨機応変にアドバイスをしたり，時には手助けしたりすることもあります。何故，面接の時期や回数，しかも時間まで決めつけ

　　　　られなければならないのですか。それに，もう一つ良く分からないのが，事務職や物流の現業職にまで目標管理を導入するということです。決められたことを決められたとおりやるべき彼らに，毎回毎回どんな目標を立てさせるというのですか。ただ彼らを困惑させるだけで，かえって気の毒ですよ。

中島：事務職や現業職でも創意工夫してもらわないと，効率があがらないのではないですか。

小林：逆ですよ。創意工夫なんかされてはかえって困るのですよ。マニュアルワークに何で創意工夫が必要なのですか。変えるのであれば，マニュアルを変えるべきでしょう。

中島：ですから，現場からの創意工夫を通してマニュアルを変えていけばいいのではないですか。それはそれとして，先ほどの目標設定や部下指導についてですか，所長のようにやるべきことをきちんとやっておられる方ばかりではない，ということをご理解ください。組合による組合員へのアンケート調査によれば，面接時間がそれこそ５～６分というのもあって，実際組合員からの不満の声も寄せられているのです。

小林：面接時間の長短は，部下や状況によって異なるのではないですか。１時間必要な場合もあれば，全く必要のない場合だってありますよ。課長によってそうした差があるのなら，人事が個別に対応すればいいのではないですか。人事はすぐに形式的，一律的に管理したがる。そりゃあ，そうした方が便利でしょう。個別管理だと大変だから，ただ人事が楽をしたいからではないの。人事制度の改善といっても，それは，人事部のための改善でしょう。だから，わしは改悪だと言っているのですよ。こんなことをやっていたら，わしらは店を回れなくなりますよ。いつ部下の面接をしろと言うのですか。

中島：所長，制度の改悪という言い方はやめていただけませんか。組合幹部を通して組合員の声も反映された制度なんですよ。コンサルタントによる他社の事例をみても世の中はそうなっていますよ。それに，私は

別に昼間面接をしてください，なんて言っていません。彼らが夕方営業所に戻ってきてから，スケジュールを立てて面接をなさればよろしいのではないですか。
小林：中島さんは，何年うちにいるのですか。全然，営業のことを分かっていない。彼らはただ店を回っているだけではないのですよ。事務所に戻ってから，わしに報告し，営業日報をつけ，外出中に入った電話などに対応し，店からの注文に応じて発注作業を行い，場合によっては倉庫に入って在庫や類似品の確認をし，翌日の商売のための準備をするといったように，山のようにやることがあるのです。面接なんかやっていたら，それこそ夜中になってしまう。不要な面接なんか，1分だって無駄なんです。それに，わしにしても仕事がストップしてしまいます。わしは，営業の仕事だけではなく，営業所の管理や地域活動もしなければならないのです。そうしたことをあなたは分かっているのですか。おまけに，やたら手間隙のかかる人事考課表や部下指導育成計画表の作成だの，次から次へと人事は書類を増やしてくれる。わしら手一杯仕事をかかえ，夜も部下を面接し，そんな書類をいつ書くのですか。やめてもらいたいですね。
中島：所長，ところで，だいたい月に何日休んでいますか。
小林：うちは週休2日ということになっているけれど，わしの場合週1日がいいところですかね。
中島：だったら，もっと休みを潰して，その日に書類を記入されてはいかがですか。
小林：あなたは，わしに休むなと言うのですか。
中島：ええ。所長は人事が楽をしたがっていると先ほど言われましたが，所長の方こそ楽をされたいのではないですか。所長は管理職なんでしょ。この悪い業績下において高い管理職手当てをいただいているのでしょ。それくらい働いて当たり前ではないですか。
小林：そこまで言われると，もうあなたと話しても仕方がありませんね。私

にも考えがあります。

中島：どうされるのですか。今度は，担当常務にでも話されますか。所長は，私のことを生意気だと思われるかもしれませんが，私も会社をもっとよくしたいと真剣に思っているのです。ですから，必死に取り組んでいるのです。人事制度の改定は会社の意向でもありますし，この件は組合幹部の了承を得て，人事担当専務の命を受けています。色々とご不満もあろうかとは思いますが，ご協力をお願いします。

小林：中島さん，そんなことわしも分かっていますよ。何もあなたと個人的に争うつもりなんかありません。ただ，わしらがもっと会社に貢献できるように，商売の邪魔をしないでもらいたいと願っているだけです。とにかく今度の人事制度については再考してもらいたいですな。簡単に承服するわけにはまいりません。こんな制度を施行されたら，それこそわしらにとっては死活問題になりますからね。中島さん，何も担当常務に陳情するだけがすべてではないですよ。わしにだって他にもっと別のやり方がある，ということだけは取り敢えず申し上げておきましょう。おっと，もうこんな時間だ。中島さん，そろそろ帰らないと電車に間に合いませんよ。誰かにサービスカーで駅まで送らせます。気をつけておかえりください。今日はどうもありがとう。

中島も所長に礼を述べて退席したが，所長の最後の言葉が気になってしかたがなかった。

（設問）
1．このケースの内容を800字以内で要約しなさい。
2．職能資格等級制度とは何か，調べて発表しなさい。
3．人事考課とは何か。調べて発表しなさい。
4．目標管理とは何か。調べて発表しなさい。
5．あなたは，中島と中島の同期の話し合いを通して，どんな感想をもちましたか。

6. あなたは，小林所長と中島との話し合いを通して，どんな感想をもちましたか。
7. このケースの主要な問題は何ですか。何故，あなたはそれらが問題だと思うのですか。
8. あなたが小林所長の立場にあれば，これからどうしますか。
9. あなたが中島の立場にあれば，これからどうしますか。
10. あなたが人事部長の立場にあれば，これからどうしますか。
11. このケースから組織や管理の問題としてどのようなことを学ぶことができますか。

ケース12
「株式会社スカイハイ：人事課長の困惑」

1. 会社概要

　株式会社スカイハイは，婦人服メーカーとして知られており，1928年，創業者・小田直明によって靴下の製造・販売を専門とする小田商店として設立された。その後，小田直明は同店を株式会社に改組し，婦人衣料の製造・卸へと事業を展開し，順調な業績をあげていたが，第二次世界大戦中の統制経済体制のため会社閉鎖を余儀なくされた。しかし，1950年，長男の小田直幸は，直明の強い希望を受入れ，社名を株式会社スカイハイ（以下，スカイハイと略称）と変更し，大学時代からの親友で，語学に優れ，商社に勤務し，ファッション感覚にも優れた井上高志を商品企画担当の取締役に，学生時代はスプリンターとして活躍し，都市銀行勤務の大藤勇輔を営業担当取締役にスカウトするなど，大学時代の友人や後輩を10名ほど集め，父親の夢を実現させることに成功した。直幸はその後も，強引とも言える説得によって従兄弟であり，数学者を目指していた山北慎一を人事・経理・総務担当取締役としてスカイハイに参加させ，業績を上げ，会社を急速に成長させてきた。そうした過程において，井上は次々とヒット商品を開発し，大藤は常に営業部員の先頭に立って強力な営業活動を繰り広げ，山北は業界の先頭を切ってコンピューターを導入し，システム化は馴染まないと言われていたファッショ

＊このケースは，中村秋生（共栄大学教授）が集団討議の基礎となるよう作成したものであり，組織や管理についての正しい（望ましい）処理とか誤った（望ましくない）処理の実例を示そうとしたものではない。このケースは関係者へのインタビューおよび関係資料に基づき作成されているが，教育的視点から一部脚色されている。ケースにおいて使用されている人名，会社名，地名，数値などはすべて仮装されている。このケースの著作権はジャパンケースバンク（JCB）によって所有されている。ケースをコピーなどして無断使用することは認められない。ケース使用にあたってはJCBの許可とこの注記を付すことが必要である。

ン業界に計数管理システムを定着させていった。

　次に挙げられた幾つかの特徴は，第4代社長の金子康夫氏や人事課長の竹中憲一氏によって，「スカイハイの社風を示す特徴」として述べられたものである。

1．自由にして闊達な精神の横溢
　① 学閥，派閥の解消
　　・指定校制度によらない，多様な人材の確保
　　・お中元，お歳暮など上司への贈り物の禁止
　　・出身校別の集会禁止
　② 上下間の社会的距離の縮小
　　・仕事に関する上司と部下，先輩と後輩の激論の容認と奨励
　　・新人への大幅な仕事の分与
　　・営業活動における新人とベテランの実質的な仕事内容の格差の縮小
2．快適な人間関係の創造
　① 上下間の激論を認め，奨励することによる「風通しのよい」風土の醸成
　② リクリエーション活動の奨励
　③ 退職時のアンケートの結果
　　・「人間関係」を理由とした退職事由はほとんどない
　　・アンケートの自由記入欄には，「スカイハイに勤務して良い人間関係と良い仲間や上司に恵まれて幸いだった」という類いの記入例が少なくない
3．結果尊重主義
　① 結果数字に対する厳しい追及
　　・社長主催の月例営業報告会において販売目標を達成できない課長たちへのトップによる厳しい叱責
　② 販売目標を達成できない営業マンの席へトップが直接出向いて行う激しい叱責
　③ 成果を上げるためのプロセスに関する大幅な自由の容認（実績，結果

が良ければ，かなりのことが黙認されていた）。例えば，
- 少々の遅刻や休憩時間外の喫茶店などでの休憩
- 上司への申請や報告義務の無視
- 上司の指示や命令に対する違反
- 就業規則やその他のルール違反

4．信賞必罰主義
  ① 販売目標達成状況による決算賞与支給額の大幅な格差
  ② 販売目標の達成不能な部長，課長の降職，降格処分。しかし，敗者復活の機会も与える
  ③ 成績優秀者の年功によらない抜擢

5．信頼されるトップとしての努力
  ① カリスマ性の高いトップの存在。その証拠は，
  - 会社業績向上に対する大きな貢献と成功の実績
  - 得意先に対して強い政治力を発揮した実例
  - 部下に対する親分肌的な接し方

図1．「株式会社スカイハイ組織図」

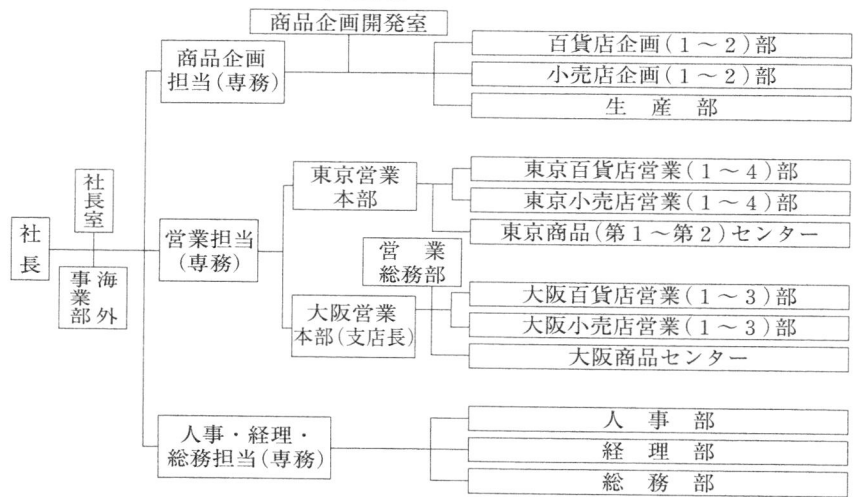

```
                                    ┌─ 商品企画開発室
                   ┌─ 商品企画       ├─ 百貨店企画（1～2）部
                   │  担当（専務）   ├─ 小売店企画（1～2）部
                   │                 └─ 生産部
                   │
        ┌─ 社長室 │                 ┌─ 東京百貨店営業（1～4）部
        │         │   ┌─ 東京営業   ├─ 東京小売店営業（1～4）部
        │   事業 │   │  本部       └─ 東京商品（第1～第2）センター
社長 ───┤   部外 ├─ 営業担当      ┌─ 営業総務部
        │         │   （専務）     │
        │         │   │            ┌─ 大阪百貨店営業（1～3）部
        │         │   └─ 大阪営業  ├─ 大阪小売店営業（1～3）部
        │         │      本部(支店長) └─ 大阪商品センター
        │         │
        │         └─ 人事・経理・   ┌─ 人事部
        │            総務担当（専務）├─ 経理部
        │                           └─ 総務部
```

② トップに対する社員の大きな信頼

　スカイハイは，1991年3月現在，資本金48億円，従業員4,318名，売上高986億円，経常利益は4年連続で落ち込み2億円であった。
　同社は，四ッ谷の本社の他に，大阪支店，その他国内に営業所20か所，工場5か所，海外には（ニューヨーク，ミラノ，香港の）3か所の駐在員事務所を持っていた。その他，商品センター（東京：2か所，大阪：1か所）もあり，部単位までの組織図は別掲（図1）のとおりである。
　また，課単位についての組織編成は，商品企画はブランド別編成，営業は地域別編成（営業所は東西の各小売店営業部に所属），人事・経理・総務は職能別編成であり，海外駐在員事務所は海外事業部に所属し，工場は生産部に所属していた。

2．業績不振と社長方針

　1978年，スカイハイの設立者であり，初代社長であった小田直幸が63歳で死去，1980年には，その後を襲った2代目・山北社長を支え，商品企画担当副社長でもあった井上高志が65歳で急逝した。井上の手掛けた商品は，毎回ヒットしていたことから，彼の名前は業界誌にたびたび登場し，「スカイハイ発展の原動力」と評されていた。井上の死は，スカイハイのコンペティターたちをして「これでスカイハイには怖い者がいなくなった」と言わしめるほどであった。事実，彼の死後，同社ではこれといって目立ったヒット商品が出なくなった。しかも，かつてのヒット商品の大半は商品としてのライフサイクル衰退期を迎え，加えてコンペティターたちからの猛烈な追い上げにあっていた。また，かつてスカイハイのトップ陣と親交の深かった得意先のトップたちの世代交代も進み，スカイハイは厳しい状況に立たされていた。こうしたことから，経常利益の上昇にもかかわらず，営業利益の低迷状態が続いていた。1988年には72億円という過去最高の経常利益をあげたものの，

うち58億円は営業外収益であった。

　こうしたなか，営業担当者には売上増大が求められ，毎週開かれる課単位の営業対策会議では，販売目標を達成出来なかった者への責任追及が激しかった。そのため，数字の帳尻あわせや，自己の売上減や経費の制約を穴埋めするため，社会的に考えて道徳的とは言えないような行為が目立ち始めた。1989年6月，2代目社長の山北慎一は後進に道を譲りたいと自ら会長となり，大藤副社長を副会長とし，営業担当専務であった長崎　勉を第3代社長とする新体制を敷いた。会長・山北60歳，副会長・大藤71歳，社長・長崎55歳であった。しかし，1990年1月，山北会長が心筋梗塞のため61歳で急逝した。さらに，スカイハイの厳しい情況の立て直しに着手し始めた長崎社長も，病気のため長期入院を余儀なくされ，社長就任1年に満たずして退任せざるを得なかった。

　相次ぐトップの悲壮ともいうべき死や病気によって，スカイハイは求心力を失いかけていた。1991年2月，営業，商品企画，海外事業などの経験を持ち，末席の取締役であった金子康夫（52歳）が，スカイハイの第4代目社長に就任した。金子は，社長就任に際し，社内放送を通じて，本社の全従業員に挨拶した。社長就任の挨拶は，全文が社内報に掲載され，従業員全員にも配布された。そのなかで，「スカイハイが，業界では『経営が格別の努力をしなくても儲かる会社になっている』と言われているように，営業外収益の増加が営業利益の減少をカバーするような情況に強い危機感を抱いている。そのため，本来の経営活動によって危機的情況を切り抜けることを最重要課題とする」と述べ，新たな戦略方針について触れた後，「業績の厳しい時期だけに，これ迄しばしば見られたルール違反や見せかけだけの営業活動には厳しい態度で対処する」という基本姿勢を強調した。特に，「メーカー返品は厳罰にする」とも明言した。メーカー返品とは，下請けメーカーに製品を作らせておきながら，在庫調整の目的から代金未納のままメーカーに製品を引き取らせるというもので，同社の営業担当者たちによって，古くから行われてきた慣習であった。好景気の時代には，後に必ず商品を引き取り，より

多くの注文を出すことによって，下請け業者に報いるという方法が採られていた。以下の項目は，金子社長によって述べられた会社の方針と受け継がれているスカイハイの経営理念（「正々堂々と本流をいく」「共存共栄」「自由にして闊達」）ついての金子社長の考えを箇条書きにしたものである。

　＜会社方針＞
1．売上増加と経費節減
　① 経常利益の低下にともない人件費等の経費節減に一層努力する
2．ルール遵守
　① 売上増加にともなう販売予算額の増加と責任追及の強化による数字の帳尻あわせのためのルール違反の禁止（特にメーカー返品の厳禁）
　② 経費の制約や自己の収入源を穴埋めするためのルール違反の厳禁
　③ 業績の厳しい時期であることの認識とルール違反に対する厳しい対処
3．その他
　① 起死回生を狙った戦略的な新ブランド商品の開発・研究
　② 組織活性化のための新人事制度の研究
　③ 海外事業の拡大
　＜経営理念に対する考え＞
1．正々堂々と本流をいく
　① 他社追随の物真似企画の排除
　② 脇道にそれるような隙間狙い企画の排除
　③ 目標達成のための手段の吟味（ルール違反の排除）
2．共存共栄
　① 下請けメーカーの保護
　② 長い付き合いのある零細小売店の活性化
　③ 百貨店との共同企画の推進
3．自由にして闊達
　① 「ファッションを扱う会社は，各人が自由でなければならない。上下

の隔たりがなく，誰でも自分の意見を自由に主張し，議論し合い，その是非は仕事に即して判断されなければならない。かくして，スカイハイは，各自が失敗を恐れず，自分の正しいと思うことを思い切りできる会社でなければならない」という設立者・小田直幸の理念を正しく理解し，現在のスカイハイに効果的に浸透させる。設立者の理念は，スカイハイの「憲法」ともいうべきものとして受け継がれていくべきである。

3．相次ぐ不祥事とその処分

　金子社長同様，長崎社長もメーカー返品厳禁の通達を出していた。実際，その後，メーカー返品の事実が発覚したある部の部長と課長の5人に3か月の減俸処分が行われた。しかし，その後，他の部においても次々とメーカー返品の事実が明らかになり，処分が間に合わなくなったり，「処分された奴らは運が悪かっただけだ」と言う声が社内に聞こえてくるようになったため，会社側は1か月で減俸処分を中止し，減俸分も本人たちに戻されたという経緯もあり，営業関連の会議では，「金子社長の声明も形ばかりのもので，長続きするはずがない。現在のトップもかつては皆『同じ穴のむじな』だったのだから，今更，『メーカー返品禁止』などと言われても無理な話だ」と公言する者もいた。

　しかし，金子社長の声明発表の3か月後，食堂前の掲示板に，メーカー返品を行った課長の降職と部下監督不行届きの責を負わされた部長の降格処分が発表された。この処分は，二重の意味で社員に衝撃を与えた。一つは，メーカー返品に対し，今迄にない厳しい処罰が下されたことであり，他の一つはルール違反がその具体的内容として公表されたことであった。これ迄は「就業規則第何条により降格とする」といった通達が一般的であり，詳細にわたる理由は公表されなかった。社員のなかには，これは「過去に決別をはかった金子社長の厳しい姿勢の表れである」といった者もいたが，相変わら

ず,「社長の声明も形ばかりのものになるのではないか」と公言する者もいた。事実,メーカー返品は直ぐにはなくならず,その後も数人の管理者が処罰された。また,経費節減により減らされた部下の交際費に当てるために,カラ出張を繰り返していた部長が降格処分を受けた。周囲からの同情はその部長に集まったが,金子社長は厳しい姿勢を崩さなかった。

　1991年5月,一人の社員の処分をめぐって労使による懲罰委員会が開催された。懲罰委員会の席上に人事課長・竹中憲一がいた。竹中は,1969年,大学卒業後スカイハイに入社,直ちに人事課に配属され,その後15年にわたって,採用,教育,異動,昇格などを担当し,5年間の営業活動を経験した後,再び人事課に戻り,43歳で人事課長に就任していた。

　懲罰委員会の議題は,会社の休日に工場に入り,金額にして120万円相当の商品をスカイハイと取引のない現金問屋に横流しを図り,その売上代金を着服しようとした工場勤務係長・前田和利（45歳）の処分に関するものであった。討議の結果,前田係長は「懲戒解雇」処分の決定を受けた。竹中は,その時の気持ちをその委員会に出席したメンバーの一人に次のように語った。

　なんともやりきれない思いで一杯です。私は,前田係長をよく知っていました。穏やかで,とても親切な人でした。彼には子供が三人おり,「金がかかって仕方がない」とよくこぼしていました。つい先日,長男が東京の有名私立大学に合格したことを嬉しそうに話していました。・・・なんでこんな馬鹿なことをしたのでしょう。これからの彼と彼の家族のことを考えると本当に気が重くなります。未遂に終わりましたが,先日も同じような事件があったのです。展示会に展示されていた20万円のカシミヤのコートを誰かが持ち出そうとしたらしく,展示会場の窓から外に投げ出されていたコートの詰められたダンボール箱が,たまたま夜間見回りの警備員に発見されたのです。こんなことを繰り返していたら,会社は本当に駄目になると私は思います。

4．営業部員の退職願い

　スカイハイの人事課長・竹中憲一は，1991年8月に行われた入社2年目の社員教育研修期間中に営業部員・河合啓司と面接した。

竹中：君は会社にもすっかり慣れて，よい成績を上げているようだが，何か感じていることや要望とかがあったら聞かせてくれないか？
河合：・・・私はスカイハイに入社し，自分を生かせる職場を得たと思っていました。
竹中：君は，南部百貨店の担当だったね。
河合：そうです。・・・実は，その南部百貨店のバイヤーの加藤さんからショッキングなことを言われたんです。
竹中：どういうことかね？
河合：去年の夏，黒川課長から言われたというか，皆でそうしようということになったというか，とにかく売上目標達成のために，冬物を詰め込んだダンボール20箱を南部百貨店に納入することにしました。冬物ですから，直ぐ返品されるのは分かっていましたが，とにかく決算時の売上販売計画達成のためにやらなければいけないように思い込んでいました。私が納品所から商品を運び込んでいるところを加藤さんに見つかったのです。「それは夏物か」と聞かれたので，「そうです」と答えると，加藤さんはいきなりダンボール箱に走りより，止める間もなく箱を開け，商品を引きずり出し，「思ったとおり冬物だ。これがスカイハイのやり方なんだ。直ぐに返品されるのに決まっているじゃないか」と言い，じっと私を哀れむような目で見つめながら，「河合君，君は，こんなことしてまでスカイハイに勤めていたいのかい」と言われたんです。・・・これにはこたえました。
竹中：「押し込み販売」は社長命令で禁止されているはずだが，君は知らな

かったのかい？

河合：皆誰でも知っています。でも，「他に販売計画達成の方法があるのか」と言われれば，「押し込み」をせざるを得ないような雰囲気なのです。けれどもバイヤーの哀れみの目に出会って，「これからどうしたらいいのか」ずっと迷っていました。父にこの話をしたら，「故郷に帰って来い」というのです。父の仕事を継ごうかと考えています。・・・お世話になりましたが，今年一杯で会社を辞めさせていただこうと考えています。

　その後，竹中は河合に対し一応の説得を試みたうえで，彼の上司にも相談することを促し，時間の制約から彼との面接を終了した。

5．人事部長と人事課長の話し合い

　竹中人事課長は，先日の社員教育研修中に面接した河合啓司のことを考え続けていた。そして，ともかく人事部長にも話しておいた方がよいと考え，人事部長の菊池信行に報告することにした。次の会話は，竹中が河合との面接での話し合いを菊池人事部長に報告したあと，二人の間で交わされたものである。

菊池：しょうがないなあ。まだ，そんなことをやっているのか。「押し込み販売」は部長会議で社長から禁止命令が出たはずだろう。もう，そんなことはなくなっていると思ったよ。

竹中：部長，社長命令が出たぐらいで「押し込み販売」がなくなるはずはありませんよ。皆，どうしたら要求された販売予算を達成できるかで頭が一杯です。それに，現在のトップや部長たちにしたって，昔は同じようなことをやってきたわけですから，部下に対する指示にも迫力や説得力があるとは思えません。

菊池：そう言うけれども，竹中君。だからこそ，金子社長は過去との決別を図って，あれだけ厳しい姿勢を打ち出してきたんだろう。

竹中：厳しく罰したからといって，ルール違反を無くすことができるとは私には思えません。罰せられるから止めるなんて最低じゃないですか。自分に罪の意識があって，「やってはいけないこと」を判断して，道徳的とは言えない行為を止めるのでなければ解決にはなりませんよ。・・・部長，ご存知ですか？長崎前社長時代のことですが，メーカー返品をした部課長が減俸処分になりましたね。でも，皆は，罪人を見る目ではなくて，「ついていなかったね」という同情の目で彼らを見ていましたよ。処分を言い渡されたその夜，部長以下全員で慰労会が開かれたんです。その会の名前が，なんと「減俸会」っていうのですよ。ふざけているでしょう。彼らは「悪いことをした」という意識など全くないんです。・・・先日も出張を１日延ばして，会社の経費で課ぐるみでゴルフをやった連中が処分されましたね。課長が１週間の出勤停止，課員が３日間の出勤停止，その間無給という処分でした。あれだって今に始まったことではなく，なんで罰せられなければならないのか，課長にはピンとこなかったようです。そりゃそうでしょう。課長にしてみれば，部下への慰労の気持ちからやったことです。彼にしたって，昔，同じようにして，上司に可愛がってもらっていたわけですから，むしろ「良いことをしていたのに」ぐらいに思っていたんじゃないですか。

菊池：だが，今のスカイハイはそんな情況にはないだろう。課長にもなって，そんな認識も持てないのかなあ。・・・むしろ，昔のスカイハイを知らない若い人たちの方が，道徳的なことに敏感だね。君の話の営業部員の訴えなんかもそうだろう。・・・君は知らなかったかもしれないが，さっきの「課ぐるみのゴルフ旅行」の件だが，あれは内部告発があったから発覚したんだよ。

竹中：内部告発ですって！

菊池：そう，これからは，過去のスカイハイの体質に麻痺させられていない若い社員が増えることから，そうした内部告発などによってルールは守られていくようになるのではないのかな。

竹中：内部告発なんてとんでもない。社員全体が疑心暗鬼になってしまいますよ。スカイハイの伝統である「良い人間関係」にまでヒビが入ってしまいますよ。

菊池：そうすると，結局，時間はかかるかもしれないが，君がいつも言っているように「教育」以外に方法はないのかもしれないね。・・・だが，今まで社員教育の風土がないわが社に教育を根付かせるのは至難の業だろう。

竹中：そうかもしれません。しかし，できるところからやっていくしか方法がないでしょう。取り敢えず，新人などの若手に対しては私のほうでなんとか工夫してみます。部長の方は，例えば押し込み販売の件について，再度，部長会議などで報告するなど，公式の会議の席を利用してみてください。

菊池：そうだね。他にも方法があるかもしれないし・・・。いずれ折を見て社長にも相談してみるよ。

竹中：そうしていただけると有り難いです。よろしくお願いします。

　そう言って，竹中課長は菊池部長と別れた。竹中課長は，その後，人事課の係長・今井雄也を応接室に呼び，自分の考えを述べ，部長との話の概要を話した。竹中課長の話を聞いた今井係長は次のように語った。

　課長のお考えはよく分かりました。充実した教育プログラムを作り，スカイハイの組織文化を変えていくように頑張りましょう。容易なことではないでしょうが，人事部としてやりがいのある仕事です。・・・課長，一杯付き合ってくれませんか。

竹中課長は，今井係長の誘いに応じた。その席で，今井は，「さっきの話ですが，私は課長に全面的に協力します。しかし，菊池部長は慎重な人です。・・・取締役の声を聞いてから一層慎重になったような気もします。話を社長のところへもっていくのは相当先か，あるいは取り止めてしまうかもしれません。言うまでもないことでしょうが，その覚悟はしておきましょう」と言った。竹中課長は，「今井係長もしっかりしてきたなあ，確かに彼の言うとおりかもしれない」と思いながら，水割りを口にしていた。

（設問）
1．このケースの問題点を探しなさい。
2．それらの問題点のうちで特に重要だとあなたが考えるものを挙げ，その理由も述べなさい。
3．あなたが竹中人事課長の立場にあったとすれば，これからどうしますか。それは何故ですか。
4．今後，このケースにおける問題や事態を起こさないようにするためには，どのような手立てがとられるべきだと考えますか。それは何故ですか。
5．このケースから学び得たマネジメントや組織の諸問題について述べてください。

ケース13
「株式会社悠久屋：部長の出張旅費」

1．ケースの背景

　株式会社悠久屋（以下，悠久屋と省略する）は，1935年に創業者・久島隆吉の長男久島隆一によって設立された。悠久屋は隆一社長をはじめとするカリスマ姓の高いトップに率いられ，地方百貨店として順調に業績を向上させていった。しかし，経済情勢の悪化などから1994年を境に業績が急速に悪化した。悠久屋は元来「結果重視」の会社であり，またその社風は「独立独歩」であった。1999年3月31日現在，悠久屋の資本金は23億2千万円，従業員数は1,898名（契約社員，パートを含む），1998年4月〜1999年3月期の売上高は823億3千6百万円，経常利益は2億4千万円であった。

　悠久屋では，成果を上げていれば，（「売買契約の反故」，「押しつけ販売」，「協賛金の強要」，「会社経費の私用」，「就業規則違反」等の）ルール違反や規則の逸脱行為も問題とされることはなかった。売買契約を反故にし，不当な返品を納入業者にしたとしても引き取らせた分以上の商品を次回には必ず仕入れたり，押しつけ販売や協賛金を強要した場合は，その見返りに優先的に当該納入業者より商品を仕入れたり，販売効率の良い売場を提供するといった方法により，会社の業績の好調時には，殆ど問題視されることはなかった。しかし，業績が低迷を始めると，ルール違反や規則の逸脱行為を埋め合

＊このケースは，中村秋生（共栄大学教授）が集団討議の基礎となるよう作成したものであり，組織や管理についての正しい（望ましい）処理とか誤った（望ましくない）処理の実例を示そうとしたものではない。このケースは関係者へのインタビューおよび関係資料に基づき作成されているが，教育的視点から一部脚色されている。ケースにおいて使用されている人名，会社名，地名，数値などはすべて仮装されている。このケースの著作権はジャパンケースバンク（JCB）によって所有されている。ケースをコピーなどして無断使用することは認められない。ケース使用にあたってはJCBの許可とこの注記を付すことが必要とされている。

わせるだけの余裕はなくなり，納入業者から苦情が出たり，「納入業者いじめ」として業界紙誌に取り上げられたりして，問題が表面化してきた。

1997年に第6代目社長に就任した河村俊哉は，「企業の社会的責任が厳しく問われ始めている時だけに，不正行為には厳格な態度で臨む」と宣言し，実際に種々の不正行為に対し，降格，降職，懲戒解雇等の厳しい処分で対処するという姿勢を示していた。業績悪化傾向にある会社の状況，河村社長の不正に対する厳しい姿勢，悠久屋の過去を知らない若手社員の増加などにより，一般社員も次第にルール遵守に力点を置きはじめ，逸脱行為を疑問視したり，拒絶反応を示したりするようになってきていた。

2．問題の経緯

岡田京子は，1978年生まれで，1999年3月，栄伸会計専門学校卒業後，同年4月悠久屋に入社，直ちに，営業本部店舗運営部・部付庶務係に配属された。人事記録によれば，専門はコンピュータ会計であり，計算業務に優れており，明るく物怖じしない性格であり，悠久屋テニス部員であった。

1999年9月8日（水曜日），岡田京子は店舗運営部の島本部長から回ってきた「出張旅費精算書」を処理しようとしていた。書類には，「期日：1999年9月1日から5日迄，4泊5日。出張先：岡山，広島，大阪」と記録されていた。岡田京子は，出張に関する書類を持って部長の席へ行き，「ちょっと宜しいでしょうか？」と尋ねた。島本部長は岡田を見ると「新人さん，仕事には慣れたかい？」と笑いながら言った。

島本：どうした。何かあったか？
岡田：この書類に記入されている部長の出張日数が1日多いようなのです。部長が勘違いされているのではないかと思ったものですから，お尋ねしてから処理しようと思いまして・・・。
島本：そうか。君がそう言うなら僕の記入ミスだ。訂正して処理しておいて

くれ。
岡田：承知しました。

　岡田京子は，自分の記憶に間違いがなかったことを確認し，軽く頭を下げた。しかし，島本部長の表情を見ると，笑いが消え，明らかに不機嫌そうであり，その目は彼女を睨んでいるようにさえ思われた。以下の記述は，島本部長の人事記録と社内の噂に基づいている。

島本大介：1943年生まれ。1966年同立大学経済学部卒業。同年4月株式会社悠久屋に入社。1966年4月，本店営業部に配属。食品，婦人服，貴金属売場を担当。1974年4月，支店営業統括部に異動。1978年4月，本店法人外渉部に異動。1983年4月同部課長。1986年4月，営業本部店舗運営部課長。1995年4月，同部部長。1998年6月，取締役。上司とのつき合いがよく，ある宴会の席で，自分から馬になって当時取締役であった同立大学の先輩を背中に乗せて広間を得意げに歩いたとかいう噂があった。会社の金ならば惜しげも無く振る舞うという性格であったので，一部の部下からは人気もあり，頼りにされてもいた。また，人によっては，彼を，利己的だとか権力志向だとか言うものもいた。しかし，一方では，「なかなかの戦略家で，政治的にはよく動くし，パフォーマンスも上手く，頭も回る」という評判であった。部下に対して，普段は朗らかで，気さくに接することが多いが，琴線に触れるようなことがあると，突然，顔を真っ赤にして怒鳴り出すことがあった。本当に怒らせると，後からネチネチと意地悪をするとも言われていた。配偶者ともに大阪出身であり，商社勤務の長男（25歳）と大学3年生の長女（21歳）の4人家族であった。しかし，ここ1年ほど，家族とは別居中であり，「子供のために離婚手続をしていないだけだ」とも囁かれていた。2年程前以前に，彼は，一度は

不採用となった自分の部下の娘を，専務の名前を利用して，強引に人事部に採用を迫ったことがあった。取締役に選任された時，人事部では「たいした業績もないのに，よく役員になれたものだ」と囁かれていた。

3．問題の発生

庶務係の岡田京子の手元に，島本部長の「出張旅費精算書」が回ってきた。彼女は，それをチェックしているうちに部長の出張日数が実際より1日多いことに気づいた。「部長さん，また間違えているわ」と思ったが，部長が外出中であったし，先日，確認に行った時の部長の表情を思い出し，どうしたものかと思案した。岡田は前任者の小島春美のことを思い出した。小島は販売促進部に異動していたが，事務引継ぎの時に，「何か分からないことがあったら，電話するなり，直接，聞きにきて下さっても結構です」といってくれたことを思い出した。以下の記述は，小島春美に関する人事記録の抜粋である。

小島春美：1969年生まれ。1988年3月，西倉高校卒業。1988年4月株式会社悠久屋入社。総務部総務課に配属。用度品管理に従事。1993年4月，営業本部店舗運営部付庶務係に異動。1998年8月，営業本部販売促進部に異動。管理事務を担当。順応性が高く，新しい職務の習得も早く，仕事に安定感があり，上司から信頼も厚い。勤務成績は，入社以来，常に中の上位にあった。思慮深く，穏やかな性格と評価されていた。2000年4月に店舗運営部員と結婚の予定。

また，次の表は悠久屋の旅費規程の一部である。

旅費規程：抜粋（単位　円）

	取締役	部長	課長	一般
日当	5,000	4,000	3,000	2,000
宿泊費	15,000	13,000	11,000	9,000

注1　日当は出発日，帰省日を含む。
注2　宿泊費は宿泊都市により物価を勘案して，500円より最高1,500円までを減額する。
注3　海外旅費規程は別に定める。

　岡田は，その日の仕事が終わってから，会社近くの喫茶店で小島と会う約束をとりつけた。岡田が小島春美に「部長の出張日数の記入間違え」の件を話すと，小島は「そんなことをいちいち部長に確認したりなんかしては駄目よ。書類に記載されている通り，黙って処理すればいいの」と言った。岡田がその理由を尋ねると，「そのうち岡田さんにも分かりますよ」と言って伝票を取り上げると，「ではまた」と席を立ってしまった。岡田京子は，どうしたものかと考えていた。岡田は翌々日，テニス部員であり，後輩の面倒見のよいことで知られ，皆からも尊敬もされている店舗運営部の係長・瀬川義昭とエレベーターで一緒になった。

瀬川：新人さん。元気ないね。何かあったの？
岡田：係長。丁度よかったわ。済みませんが，相談したいことがあるんです。
瀬川：いいよ。今日，5時頃，電話してくれよ。夕飯でも一緒にしよう。混合ダブルスのパートナーだもの大切にしておかないといけないからね。

　その日の6時頃，会社近くのレストランの一隅で，岡田京子は，瀬川に小島の意見も加え，「部長の出張旅費」について話し，「どうしたものでしょうか？」と相談した。話しを聞き終えた瀬川は，「実は，部長夫妻は僕たちの媒酌人だし，部長の奥さんには，子供の生まれた時にも気を使って貰ってい

てね」と言うと考え込んでしまった。

（設問）
1．このケースの問題点を挙げて下さい。
2．貴方が瀬川係長の立場にあれば，今直ぐどうしますか。それは何故ですか。
3．貴方が瀬川係長の立場にあれば，これからどうしますか。それは何故ですか。
4．このような事態を改善するために，トップ・マネジメントはどうしたらよいと考えますか。
5．このケースから，経営学の問題として何を学ぶことができますか。

ケース14
「株式会社アルファ：品質総合研究所」

1．株式会社アルファの伝統

　株式会社アルファ（以下，アルファと略称する）は，1949年，紳士服の仕立て業として創業された個人商店から発展した「紳士衣料の製造・卸売業会社」であった。1995年度には，資本金10億円，年商682億円，経常利益14億円を計上し，従業員数2,800名を擁する会社となっていた。神田に本社，大阪に支店を置き，さらに全国12か所に営業所，2つの商品配送センター，3つの縫製工場を有していた。アルファは，その歴史にもかかわらず，同族色の全くない会社であった。しかし，「目先の利益ばかり考えてはいけない。目先の流行ばかり追いかけてもいけない。お客様に末永く満足していただけるように，しっかりした品質の物づくりをすることこそがわれわれの使命だ」という創業者の理念は，歴代の社長に受け継がれていた。

　1972年に生じた欠陥商品事件に対する3代目社長の大木達也の迅速かつ徹底した行動は，アルファの理念を象徴するできごととして，歴代の社長をはじめ，当時を知る幹部社員から新人社員教育においては無論のこと，若手に対する教育の場等で，伝統的に，繰り返し語られていた。その事件とは次のようなものであった。

＊このケースは，中村秋生（共栄大学教授）が集団討議の基礎となるよう作成したものであり，組織や管理についての正しい（望ましい）処理とか誤った（望ましくない）処理の実例を示そうとしたものではない。このケースは関係者へのインタビューおよび関係資料に基づき作成されているが，教育的視点から一部脚色されている。ケースにおいて使用されている人名，会社名，地名，数値などはすべて仮装されている。このケースの著作権はジャパンケースバンク（JCB）によって所有されている。ケースをコピーなどして無断使用することは認められない。ケース使用にあたってはJCBの許可とこの注記を付すことが必要である。

ライトブルーの綿素材のサマースーツを購入した消費者から，「スーツが雨にあたったところ，どす黒い水染み（ウォータースポット）が全体にわたって生じ，生地が乾いた後もその染みが消えない」といったクレームが数件発生した。原因調査の結果，その原因は系列の染工場における素材の染色加工に問題があったことが判明した。また，その欠陥生地は，ある特定のロットのものだけであり，そのスーツに用いられた生地の全ロットが問題になるわけではないことも明らかになった。しかし，それにもかかわらず，大木達也は，「わが社のスーツを購入して迷惑を被ったお客様がいらっしゃるということは事実であり，また，お客様がわが社の物づくりの姿勢そのものに不信感を抱いてはいけないから」といって，新聞に謝罪広告を載せ，同品番の全商品を売り場から引きあげてしまった。さらに，翌1973年に，大木は製品の品質検査・品質判定を専門とする「品質試験所」を神田本社に設置し，当時欠陥生地の購入責任者であった第1工場購買課長の田崎昭雄をその所長とした。

2．品質試験所から品質総合研究所へ

　田崎昭雄は，1937年長野県に生まれ，1960年信濃大学工学部繊維工学科を卒業し，同年アルファに入社した。田崎は，入社と同時に福島県にある第1工場に配属され，縫製現業の見習いを皮切りに，現場監督，検査係，外注係，計画係を経て，生地や付属品・副資材を購入する購買担当となり，34歳の時に購買課長となった。部下や上司から人事部が集めた情報によれば，田崎は実直で真面目な性格であり，自分が任された仕事に対しては最後まで責任をもってやり遂げる人物であるということであった。

　品質試験所（以下，試験所と呼ぶ）は，品質重視の会社の姿勢や品質に対する消費者からの社会的要請を受けて，1988年には，試験という受け身の姿勢ではなく，もっと積極的に品質改善対策や品質向上に関する教育指導の実施を意図して，その名称を品質総合研究所と改め，発足当時5名の人員も

1995年には46名となり，田崎は取締役・品質総合研究所長となった。

　アルファの生産組織は，3つの縫製工場，神田本社内に設置されている品質総合研究所，技術部，海外生産部からなり，生産担当の常務取締役・町田浩一が統括していた。町田常務は，田崎より6歳年長であり，田崎が第1工場の購買課長当時その工場長であった。町田は，早くから田崎の能力を評価しており，試験所の設置にともない田崎を第1工場から引き抜かれることに最後まで抵抗を示した程であった。

3．品質1課長・伊吹健児の悩み

　品質総合研究所（以下，研究所と呼ぶ）は，主にスーツ，コート等の洋服を担当する品質1課，セーター，ポロシャツ等の洋品を担当する品質2課，さらに大阪支店内に設置され，関西地区のみを対象に販売される別企画商品を担当する大阪支所から組織されていた。

　品質1課長は伊吹健児であった。伊吹は，1952年和歌山県に生まれ，1976年京都工業大学繊維工学部高分子工学科を卒業後，直にアルファに入社。大阪の郊外にある第3工場に配属され，工場において現場見習い，検査係，試作係，計画係，第3工場の製品を本支店の営業に販売する業務係を経て，1988年，品質総合研究所に異動した。この伊吹の異動の背後には，「会社の方針を受け，品質試験所が品質総合研究所としてより積極的な働きをするためには，エネルギッシュで進取性に富み，自己の信念を通す強固な意思と優れたプレゼンテーション力を有した伊吹のような人材が必要だ」という進言が人事部から社長に対してなされていた。伊吹は，それ迄に幾度となく本社の営業部から営業マンにならないかと打診されたこともあった。

　伊吹は，1991年，品質1課長就任を契機に，積極的に研究所の業務の見直し等を所長に進言したが，「ことごく所長に反対され，実現したものはほとんどない」と研究所員の間で噂されていた。1992年4月，伊吹は，人事部からの要請で新任のマーチャンダイザー（MD）と仕入係を対象とした品質管

理研修の講師を務めた。研修終了後，人事課長の佐藤正則とコーヒーを飲みながら日頃の所長に対する不満を彼に語った。佐藤によれば，まるで日頃の鬱憤を吐き出すような口振りであったという。

佐藤：今日はどうもお疲れ様でした。お忙しいところありがとうございました。
伊吹：いやー，そんなことないですよ。このような品質管理にとって大事な研修は，人事部から言われなくても，研究所が業務の一環として主催すべきだと思いますね。
佐藤：人事部が主催するとなると，回数も限られるし，何よりも内容が総花的になってしまいます。ですから，伊吹さんの言われるように研究所が業務として個別専門的に種々の研修指導を行ってくだされば，もっときめ細かい，実践的なものになるでしょう。
伊吹：私もそう思いますが，所長は，「今でも検査物が増え仕事が忙しくなっているのに，そんなことに時間をとられていては研究所として最も大事な検査業務がおろそかになるから駄目だ」と言うのですよ。私は，検査機能重視の試験所から総合研究所に脱皮するには，結果を検査する待ちの姿勢ではなくて，改善や予防といった攻めの姿勢こそが必要だと思うのですがね。この間も，私が過去のクレーム商品の問題点を分析してみたら，異なるブランドやアイテム（服種）間同士，あるいは経年で同様の問題が発生していることに気がついたんです。そこで，それらのクレーム商品の写真と問題点，そういった問題を防ぐための留意点等を明示した冊子をつくり，各担当者に配布すれば，同じ失敗を繰り返すことが少なくなるのではないかと思い，所長に提案しました。
佐藤：それは素晴らしい提案ではありませんか。
伊吹：・・・でも却下されてしまいました。
佐藤：えっ，どうしてですか。

伊吹：所長の言う反対理由は二つあって，一つは，そんなことをしたら失敗作をつくったMDを研究所が公表するようなものであり，商品企画部との間に無用な軋轢を生みかねないということ。二つめは，研究所が合格判定しておきながら，欠陥品を生み出していることを自ら白状するようなものであり，研究所のイメージダウンにつながるということです。話しになりませんよ。こんなことぐらいでオロオロしているようでは。このような例は，他にもいくらでもあります。・・・田崎所長と私はしょっちゅうやり合ってますよ。

佐藤：伊吹さんも大変ですね。・・・でも，伊吹さんの主張が正しければ，いずれ回りが後押ししてくれますよ。

伊吹：そうだといいですけどね。ところで，人件費圧縮のおりから，正社員の期中採用は会社方針として認めないということでしたが，先日検査補助の女性パート採用の可能性を打診したところ，パートであれば許可できるかもしれないという返事をいただきましたよね。そこで，その旨を所長に話したら，血相をかえて，「人事部に話す前に，どうして私に相談しないんだ。女子のパートなんてとんでもない」と言うのです。研究所における品質管理の仕事は，会社の物づくりに対する理念を受け継いでいる重要で，経験を要する仕事だから，パートなどに任せるわけにはいかない。パートにやらせるぐらいなら，正社員の採用が許可されるまで，欠員のまま我慢するということになってしまったのです。おまけに，所長の剣幕を聞きつけて，試験所時代からいるベテランの品質2課の林課長まで側にきて，「伊吹，お前とんでもないことを言い出すな。俺たちのやっている仕事は，パートがやるほどレベルの低い仕事だと思っているのか」と詰め寄る始末です。時代錯誤もはなはだしいと思いませんか。パートにやらせようとした検査補助の仕事なんか，マニュアルワークですから，少し丁寧に教えさえすれば，誰だってできる仕事ですよ。折角人事部の方でパート採用を認めてくれそうだったのに残念です。私はルーティンワークにはパート

を増やし，女子も含めて，社員にはもっと高度な仕事をやらせたり，研究所を出て直接商品企画部や工場に働きかける対外的な仕事を増やしていくべきだと思うのですが。
佐藤：パートの件は残念でしたね。そのことは私の方から人事部長に話しておきましょう。
伊吹：どうもストレスが溜まっていて，愚痴ばかり聞かせてしまって申し訳ありません。
佐藤：いやいや，そんなことはないですよ。今日は本当にありがとうございました。今度酒でも飲みながら，もっとゆっくり話し合いましょう。

4．女子総合職の採用

　1993年度において，品質1課は課長の伊吹の他に男子7名，女子11名によって構成されていた。男子7名は，全員大卒であり，複雑高度な企画・判断・折衝業務を遂行することが期待される「総合職」であった。女子11名の内訳は，短大卒6名，服飾専門学校卒3名，高卒2名であり，女子全員が日常定型的業務を正確かつ効率的に処理することが期待されるいわゆる「一般職」であった。

　アルファでは，男女雇用機会均等法を背景に，1989年第6代目の社長に就任した手塚伸二の「女性の感性を生かそう」という考えを反映し，毎年若干名ではあるが，大卒女子を総合職として採用し，既に商品企画部，営業部，システム部等への配属実績があった。

　1993年，第7代目社長に就任した進藤康夫も同じ考え方であった。しかし，女子総合職をめぐって様々な問題が発生しており，5月の新入社員の配属を前に，緊急課題として，1994年の年初に行われた部長月例報告会において商品企画部長，営業部長，システム部長，人事部長等からおよそ次のような内容の報告がなされた。

商品企画部長：会社は雇用機会均等法を気にするあまり，会社の体裁を整えるために彼女たちをわれわれのところに送り込んできたとしか思えない。わが社に入社する多くの者たちが，MDになりたいと思っている。そのために，営業で何年も苦労して，商品のこと，得意先のこと，営業数字のこと，物流システムのこと等色々なことを学び，さらにその中で適性，能力のある者が選ばれて商品企画部に異動になる。それなのに，彼女たちは，「女性の感性を生かそう」とかいう手塚社長の思い付きで，いきなり商品企画部に配属されてきた。だから，はっきり言ってほとんど使いものにならない。そのくせ，「女性の感性を生かそう」という言葉を真に受けて，自分たちは総合職だという気負いから，何も知らないくせに，「あの仕事をやらせてくれ，この仕事をやらせてくれ」とか言って，格好いい仕事ばかりやりたがる。打ち合わせの席などでも，余計な口出しをするものだから，デザイナーも取引先メーカーの担当者も，みな彼女たちを邪魔者扱いにしている。われわれも彼女たちに知識を与え，仕事を教えようとしても，忙し過ぎて，とても対応できない。それでも，何か仕事を与えないといけないから，取り敢えず仕事の基本になると思い，例えば企画生地見本のスワッチ貼りとか，品番ごとの商品販売数量の追跡資料作成など，地味な仕事をやらせているが，彼女たちは「雑用ばかりやらされている，もっとデザインとか色に関することなど商品そのものに関わる仕事をやらせて欲しい」と言ってくる。われわれもそうした地味な仕事の意義をそれとなく彼女たちに伝えているつもりだが，彼女たちは，それらの仕事は次のもっと高度で面白い仕事に移行するための踏み台としか思っていなくて，「それじゃ，この仕事はいつまでやるのか，いつになったら次の新しい仕事をやらせて

　　　　　　　　くれるのか」と詰め寄ってくる。本当にやっかいである。

営業部長　：人事部は，彼女たちをいきなり企画に配属したことの反省から，男子と同様に営業に配属してきた。その考えは間違っているとは思わないが，使える娘と使えない娘の差があり過ぎる。使える娘は，素直で明るく，頑張り屋である。何よりも皆から人間的に好かれている。だから，周囲も彼女を助けてあげようと思う。しかし，使えない娘は，生意気で何よりも体を動かさない。売り場への商品搬入に際し，ダンボールが重いとか，休日出勤や残業が多過ぎるとか，店頭の女子販売員が意地悪だとか，文句ばかり言っている。男だったら，そんなことはあたり前だと思っているから，文句があっても皆で酒でも飲んで忘れてしまうのに，彼女たちはそうもいかない。女子販売員が意地悪だというが，販売員は彼女たちの母親ぐらいの年齢で，販売のベテランだ。その人たちに向かって，いかにも「私は大卒の総合職だ」という顔をして，何も知らないくせに，あれこれ指図すれば，ヘソを曲げられるのはあたり前だ。男だったら，上手くおだてて，販売員たちの気持ちを和ませ，やる気にさせるのに，それもできない。得意先との接待の二次会でカラオケスナックに行き，得意先の部長とダンスでも踊ってやったらと言うと，「セクハラだ」と騒ぎだしたという話しも聞いている。われわれは，彼女たちへの慰労の意味もこめて，交際費が少ないから自腹を切って二次会まで連れていってやったのに，わかっていないんだ。このままじゃ，一緒に営業数字をあげようとする仲間として，彼女たちを信頼する気になれない。

システム部長：会社の方針で，雇用機会均等法を意識して大卒女子を総合職として毎年少しずつ採用しているが，企画，営業と配属してきて，様々な問題があったことは我々も知っている。だから，

トライアルの意味でシステム部に彼女たちを配属してきたことは承知している。彼女たちには，システムエンジニア（SE）としてやってもらおうと思い，育成計画を立てて接している。彼女たちは真面目で粘り強く仕事に取り組んでいるため順調に育っていると思うが，将来に向けては，残業時間の規制にひっかかって十分に仕事をさせることができないのではないかと危惧している。われわれの仕事は，複雑かつ重要なシステム設計をするとなれば，納期の問題もからんで，それこそ24時間体制で取り組まなくてはならない時がままある。そんな時，女性をチームの一員に加えることは難しい。だから，結局このままいっても，彼女たちは補助的な仕事か軽微なシステム設計をやらせることにとどまるだろう。また，彼女たちは，総合職であっても女性であるがゆえに，事務を担当している一般職の女性たちと仕事をするうえでやりにくい面があるだろう。例えば，細かい話かもしれないが，男であれば，例え新人であっても，ある時期がくれば自然と一般職にコピーなどの雑務を頼むことができるようになるが，女だと総合職といえども自分より先輩の一般職に頼むことがなかなかできない。そのへんのことを何とかしてあげたいと思うが，下手に感情的にこじれるとどうにもならなくなるので，今のところ自然の成り行きに任せている。

人事部長 ：皆さんの言い分もよく分かるが，彼女たちからも色々な意見を聞いている。商品企画部に配属された者たちは，『女性の感性を生かそう』という会社の期待に添えるように努力している。しかし，感性を生かしたくても，そのような場面や仕事を与えてもらっていない。確かに皆の指摘するように商品知識も営業の経験もないため，足手纏いになっているかもしれないが，営業の経験がないとMDになれないなんて誰が

決めたのか。他社の例では，営業経験がなくても MD の仕事を立派にやっている者だっている。『できない』，『ダメだ』という前に，まずやらせてもらいたい。雑務は基礎的な仕事であると言うが，そんな仕事は数か月やればマスターしてしまう。私たちではなく一般職にやらせればいいじゃないかと彼女たちは思っている。営業に配属された者たちからは，「男性たちは男女平等という意味を勘違いしているのではないだろうか。肉体的にも精神的にも差異がある男と女を何から何まで同じにしようと考えている。男女が協力しあってそれぞれの持ち味を生かしていくことが男女平等ではないのか。俺たちもやっているから，お前たちも肉体労働しろというのは，何ら進歩がないと思う」という不満も出ている。「女子販売員たちのイジメは本当にひどいものがある。私たちは，会社や上司から言われたことをきちんと彼女たちに伝えている。しかし，その指示通りなされていなければ，私たちが上司から怒られるわけだし，その指示は売上にもつながると思うから，何とかそれをやってもらうように必死に彼女たちに接しているのに，『小娘が何生意気なことを言っているのか』とけんもほろろにされたり，『そんなに言うならあんたの入れた商品なんか売ってやらないよ。自分で売ってみれば』とまで言われたりしている。会社として，この理不尽なおばさんたちの教育をちゃんとやってもらいたいと思う」というのが彼女たちの本音である。また，男性たちの心ない言葉にも悲しくなることがあると言う。「得意先に行く時は，できるだけ短いスカートをはいて来い」とか，「ちょっとチークを踊ってやれば注文が取れるのに」とか，「いい加減にしてもらいたい」という意見も彼女たちから出されている。システム部からは，特に文句は出ていないが，「自分たちは服が好

きでこの会社に入ったのに，いつまで服と関係のないコンピュータと睨めっこしていなくてはならないのか。いつ企画や営業に異動させてくれるのか」という意見が出されている。人事部としては，一日も早く彼女たちが戦力となることを願っている。そのためには仕組みや制度を構築しなければならないと考えているが，検討するための資料が少ないので，性急すぎるのは危険だと考えている。1986年の雇用機会均等法施行以降，採用努力を続け，18名の女子総合職を採用したが，彼女たちは不満を持ちながらも頑張っており，幸い退職者は3名しかいない。皆さんには色々とご面倒をおかけすることと思うが，もう少し試行錯誤を繰り返し，皆さんや彼女たちから情報を集め，慎重に取組みたい。本年4月にも2名の女子総合職を迎え入れることになるが，今後とも彼女たちの配属に際しては，ご理解とご協力をお願いしたい。

5．田崎研究所長の見解

　1994年の4月，人事部長の白鳥正彦が研究所への女子総合職の配属の依頼で研究所を訪れた際，応接室で田崎所長と次のような応報があった。

白鳥：田崎所長も1月の月例報告会での女子総合職についての各部門の報告はご存じのことと思います。多くの問題があることは事実ですが，われわれも女子総合職の戦力化を図るために可能性を確かめてみたいと思うので，ご協力をお願いします。

田崎：折角ですが，お断りできないでしょうか。部長もご存じのように，われわれは人員も絞られており，残業や出張も多いし，また品質よりもファッション性を主張してくる商品企画部のMDやデザイナーの連中ともやりあわなければなりません。いくらファッション性が決め手

のヤングカジュアルだからといっても品質上の問題が発生する恐れが少しでもあるものを認めるわけにはいきません。研究所は「考えが古い」とか，「頭が堅い」とか言われても，わが社の理念を守っていかなければなりません。また，工場や下請けメーカーへの品質指導も行わなければならないし，とても女ではつとまりません。

白鳥：所長の言われることも理解できないわけではありませんが，「あれも駄目」，「これも駄目」と言ってたらキリがないではありませんか。女子総合職の受入れは，われわれ企業が課された社会的要請の一つです。それにわが社のように一般消費者を対象としている企業では，イメージが大切です。紳士衣料といえども，それを買う時は，奥さんや恋人等女性が同伴していることが多いことは，所長だってご存じでしょう。ですから，先代社長が「女性の感性を生かそう」と言われた理由はお分かりと思いますが。

田崎：イメージづくりは，研究所の仕事ではありませんし，また研究所における検査業務に女性の感性なんて必要ないと思いますね。そんなことより，研究所の品質1課には総合職1名の欠員があるわけですから，女ではなく男を入れてくださいよ。

白鳥：残念ですが，それはできません。無理を言って昨年も女子総合職を受け入れてもらった営業部の方に男子を優先的に回すことが，経営会議で決定しています。

田崎：何だ，そんなことだったのですか。それじゃ，私がいくら反対しても仕方がないじゃないですか。「要は，女子総合職を1名受け入れるか，受け入れなければ1名欠員のまま」ということなのですね。

白鳥：そのようにストレートに言われてしまっては，何とも言いようがありませんが，所長ももっと前向きに考えてください。彼女たちの活用方法を研究所内でも工夫してみてくれませんか。所長のところの伊吹君なんか前向きですよ。彼は，総合職，一般職にこだわらず，一般職でもやる気があって，能力のある者にはどんどん総合職並の仕事をやら

せていくつもりだと言ってましたよ。人員は，もうあまり増えることはないのだから，今いる人員を戦力化していくしかないというのが，彼の持論です。私も同感です。

田崎：あいつはまだそんなことを言っているのですか。私は，逆にそのような一般職の使い方に反対なのです。彼女たちは，どうせ辞めてしまうから，基幹的な仕事を彼女たちにシフトしていくことは，結局自分で自分の首を締めることにつながると思うのです。それに，さっきも言ったように，彼女たちが男と同じような仕事ができるとは，私も品質2課の林課長も思っていないんですよ。

白鳥：でも，できるかどうかやらせてみなければ分からないじゃないですか。

田崎：それでは，その間の失敗のリスクは誰が負うのですか。人事部が負ってくれるのですか。もう一つ私が伊吹君に反対した理由は，一般職の彼女たちに総合職並の仕事をやらせたら，彼女たちは「総合職並の賃金を払え」とか，「自分たちも総合職にしてくれ」，としまいには言ってくるのではないかと思うからです。現行の人事制度では，総合職と一般職の転換制度はありませんよね。

白鳥：所長のおっしゃりたいことは，よく分かりました。全てに応えることは，まだ無理ですが，総合職と一般職との関連の問題については，他の部署からも指摘されており，人事制度上の問題として解決していくつもりです。人事制度改革プロジェクトで複線型人事制度の枠組みのもとで検討を進めています。ですから，もう少し待ってください。無理を言って，申し訳ありませんが，あらためて女子総合職の研究所への配属を承諾してください。

田崎：会社の意向として決まっているのなら仕方ありません。分かりました。ややこしい問題が起きないように，人事部としても早急に制度上の対策を考えてください。

6. 新しい人事制度の提案

　1995年の1月，アルファでは，管理職全員を対象に4月より施行される「能力―仕事―賃金」の高位均衡を保ち，組織と人材の活性化を図ることを主眼として，「職群管理」に基づく，複線型の人事制度についての説明会が開催された。人事部の説明によると，新しい人事制度導入の意図は，概略的に言えば，次のようなものであった。

　「職群管理」とは，人材の育成・活用のために，社員を一括管理するのではなく，社員それぞれの適性，能力，職務，キャリア志向などにより人材のセグメンテーション（グルーピング）を行い，それに基づいて人材の評価・育成・活用・処遇をきめ細かく行うとするものである。それ故，この制度施行にともない，現存の社員をグルーピングしなければならない。管理職層については，彼らの過去の人事考課および会社の政策上の都合で，会社が本人の意思とは関係なく，組織統括職，専門職，専任職にグルーピングを行った。非管理職層については，これまで「総合職」と「一般職」に大別されてはいたが，そこには次のような問題が含まれていた。

①「総合職」と「一般職」の区分は，雇用機会均等法を背景になされた便宜的なものであり，それ以前に入社した女子社員，物流や生産等の現業職の主として高卒男子については「総合職」としての認定がなされてはいなかった。
②したがって，「総合職」でなくとも，ベテランの社員については「総合職的な仕事」を担当している者もおり，職場によっては，「総合職」と「一般職」の職務上の区分が曖昧な場合も少なくなかった。
③さらに，そのような状況においても，「総合職」として認定されていない者が「総合職」の認定を受ける，あるいは「一般職」として入社した者が

「総合職」に転換したくともそれらの希望を反映するための制度はなかった。

以上のような問題点を背景に，新制度によって，ある節目ごとに「職群転換試験」を行い，社員の職群転換を可能とすることとなった。ただし，そのための移行措置として各部単位で「総合職」以外の全社員の職務内容を見直し，課長が本人の意思を確認しながら，「総合職として認定すべきである」と判断する場合は，部長の推薦書を付し人事部に申請し，最終的には「総合職の定員」との関係を考慮して，人事部が調整し，決定することになるというものであった。

人事部による説明の後，各課長に対し，2月末日までに人事部にその申請をするようにという依頼がなされた。

7．品質総合研究所の総合職人事

伊吹課長は，早速11名の「一般職」の女子社員に面接し，「総合職」だからといっていいことばかりではなく，労働時間，転勤など労働条件の拘束性や成果主義の徹底など，厳しい面も十分に説明したうえで彼女たちの意思を確認し，課長としての決定を田崎所長に進言した。2月下旬の一日，田崎と伊吹は，この件について話し合った。

伊吹：今回の制度改定にともない，うちの課では3名の者を「総合職」として申請したいと思います。推薦理由については，彼女たちの過去の人事考課，これまでの職務との関連，彼女たちの意見等を踏まえて，先日書面で所長に提出したとおりです。
田崎：推薦理由については一応理解したが，3名は多すぎるよ。1名にしぼってくれ。
伊吹：何故ですか。3人とも優秀ではないですか。

田崎：そういう問題じゃない。3人を「総合職」にするということは，現在の「総合職」の定員枠を3名オーバーすることになる。今回の制度改定にともない，「総合職と一般職の定員枠は見直す」と人事部では言っているが，3人も増えることは有り得ない。最悪の場合1人も枠が増えないで，3人とも認可されたとしたら，その3人が他の部署に異動にでもならない限り，現行の男の総合職が3人抜かれることになるかもしれない，ということを君は認識しているのかね。

伊吹：もちろんです。研究所の仕事に関しては，特に男子でなければ勤まらないと決めてかかるのはおかしいと私は考えています。昨年入った総合職の彼女も相当優秀です。ある部分では男子の先輩を抜いています。また，今回推薦した3人についても，所長は反対されましたが，少しずつ総合職の仕事をさせてみたところ，期待どおりの成果をおさめています。でも，所長のおっしゃる心配も理解できますので，1991年に短大卒で配属された品川恵子の申請は，今回やめておきましょう。彼女はまだ若いので，今後の転換の機会は本則を用いても可能だと思われますから。

田崎：そうしてもらいたいが，もう一人石井明子もやめてもらえないか。

伊吹：えっ，どうしてですか。石井こそ最も優秀じゃないですか。

田崎：彼女は今年で30歳だろ。結婚してから4年もたつのだから，もういくらなんでも子供をつくるだろう。

伊吹：いえ，彼女は子供をもつ気はないとのことです。

田崎：そんなこと，どうなるか分からんじゃないか。産休でもとられてみろ。その間，完全に仕事に穴があくことになるぞ。それに，旦那がいて，残業だの出張だの本当にやっていけると思うか。いざやってみたら「やはり駄目でした」というわけにはいかんのだよ。

伊吹：その辺のことも，彼女とは十分話し合いました。彼女にとっては，納得のうえです。ご主人とも相談して，了承をとっているとのことです。

田崎：とにかく，もう一人減らしなさい。君がどうしても石井にこだわるな

ら，もう一人推薦している菊池真美をやめさせなさい。
伊吹：それはできません。菊池は服飾専門学校を出ていて，専門的な服飾知識をもち，男たちとは異なった貴重な持ち味をもっています。このまま菊池が育っていけば，企画のデザイナーたちともっと密着した仕事が可能になると思います。
田崎：私もそう思うよ。だから，石井をやめさせろと言っているんじゃないか。
伊吹：私は，所長の言い分を聞いて，少なくても1名減らしたではないですか。林課長のところではどうなのですか。
田崎：ゼロだよ。
伊吹：それじゃ，林課長のところの定員枠がまるまる残っているわけですから，2名推薦しても全然問題ないじゃないですか。
田崎：・・・このまま君と議論しても平行線のままだから，人事部長に他の部署の様子や，定員枠の考え方などを相談してから考えよう。明日，白鳥人事部長のところに別件で行くことがあるから，どうだい伊吹君も一緒に行くか。
伊吹：ありがとうございます。そうさせてください。ただ，私は午前中外出する用事があるのですが，何時の約束なのでしょうか。
田崎：それじゃ，午後2時に直接人事部に来てくれ。
伊吹：承知しました。

8．田崎所長の決定

翌日，伊吹が指定された時間に人事部に入ると，部長席の応接セットに白鳥部長と田崎所長，そして町田常務取締役が座っていた。

伊吹：遅くなって申し訳ありません。
田崎：ご苦労さん。ところで，伊吹君，昨日の件だが，さっき私から町田常

務に相談して，やはり研究所からは1名ということにしたよ。白鳥部長には，町田常務から研究所の意向としてお願いして戴いたから。いいね。

伊吹は，田崎所長からそう告げられ，自分の顔面がみるみる紅潮していくのをはっきりと感じた。

(設問)
1．このケースの内容を簡略に要約・整理しなさい。
2．女子総合職の活用をめぐって行われた部長月例報告会における各部長の発言内容および田崎所長と白鳥部長とのやり取りをもとに，女子総合職の活用についてあなた自身の問題意識，考えを述べなさい。
3．田崎所長と伊吹課長とのやり取りを通じて，品質管理や女子社員の管理のあり方等についての両者の相違点を列挙しなさい。
4．伊吹課長の上司に対する接し方についての特徴や問題点について検討しなさい。
5．あなたが伊吹健児の立場にあったとすれば，今後どうしますか。それは何故ですか。
6．このケースから組織やマネジメントの問題として何を学ぶことができますか。

ケース15
「株式会社ニシダ：新入社員鈴木直也の窮地」

1．会社の背景

　株式会社ニシダ（以下，ニシダと略称する）は，1952年，明治時代に創業された老舗の寝装寝具卸の会社を退職した西田雅章によって設立された繊維製品製造卸であった。廉価な輸入製品との競争が激しい業界にあって，ニシダは，設立当初は販路を百貨店にのみ絞り，着実に顧客を獲得し，ブランドを売り込んでいたが，1965年以降，専門店から量販店へと次第に販路を拡張していった。扱い品目は，ベッドリネン，タオル等の繊維製品から始まり，ナイトウェア，ホームウェア，エプロン，ハンカチ，トイレタリー，生活雑貨等へと多様化していった。1996年には，ニシダは，資本金4億円，年間売上224億円，経常利益5億円，従業員583人となり業界大手の一角に食い込み，安定した地位を占めていた。ニシダの本社は，東京の日本橋にあり，大阪に支店，北海道，中京，九州地区のそれぞれに営業所，東北と関東地区に2つの工場をもっていた。

　ニシダの本社組織は大きく営業部門と物流部門の2つに分けられており，新入社員は，入社時に，高校卒業者は物流部門に，大学卒業者は営業部門にそれぞれ配属されることが慣例となっていた。高卒者の場合は，少なくとも3年間は物流部門に勤務し，そのうえで本人の希望，適性，能力，営業部門

＊このケースは，中村秋生（共栄大学教授）が集団討議の基礎となるよう作成したものであり，組織や管理についての正しい（望ましい）処理とか誤った（望ましくない）処理の実例を示そうとしたものではない。このケースは関係者へのインタビューおよび関係資料に基づき作成されているが，教育的視点から一部脚色されている。ケースにおいて使用されている人名，会社名，地名，数値などはすべて仮装されている。このケースの著作権はジャパンケースバンク（JCB）によって所有されている。ケースをコピーなどして無断使用することは認められない。ケース使用にあたってはJCBの許可とこの注記を付すことが必要である。

の欠員情況などを勘案し，営業部門に配置転換されることになっていた。しかし，物流部門勤務を希望する者，営業部門への配置転換を希望してもその適性がないと判断された者は物流部門に止まっていた。大卒者の場合でも，営業部門に配属されたものの，10年経っても営業成績の上がらない者，上司によって営業部門には適さないと判断された者は，営業と人事の担当者の相談のうえで，物流部門に配置転換された。そのため，物流部門の人員構成は，18歳から22歳までの若者と30代後半から定年間際の60歳までの中高年との二つのグループに分かれていた。

　ニシダではまた，営業活動で失敗したり，規則に違反したりした者を「ペナルティ」と称して，数か月から１年位の期間，物流部門に配置したりしていた。そのためもあって，営業部門では物流部門を「溜まり場」と呼んだりして，失格者の集まりのように見なしたりする者が少なくなかった。

　物流部門は，当初は営業部門の一部を構成していたが，業務の拡大に伴い，部門として独立し，更に百貨店を担当する物流１部と専門店と量販店を担当する物流２部に分離された。当初は，いずれも，日本橋本社に隣接する建物にあったが，物流２部は，取扱う種類と量の拡大に伴い，1986年，手狭になった本社機能の一部と共に，四谷に新設された四谷別館に移っていた。物流部門は，それぞれに荷受課，商品管理課，加工課，配送課，物流統括課からなっており，１部と２部を区別するため，課名の前に１と２をつけ，荷受１課，荷受２課，物流統括１課，物流統括２課と呼ばれていた。

　物流１部と物流２部のあいだには，ここ10年ほどのあいだ，交流がないばかりか，仕事量や人員の面でもバランスに欠けていた。２部は，専門店担当のためもあり，小ロットの商品を多くの店に納品しなければならないため，同一品種の場合でも百貨店担当の２倍近くの手間がかかるうえに，翌日納品といった量販店からの緊急な要求にも応じていかなければならなかった。

　1994年４月，物流一筋だった田中物流１部長の定年退職に伴い，物流２部の部長で営業部門での経験の長い吉田和夫が53歳で，取締役となり，物流１部と同２部の部長を兼務することになった。吉田部長は，１部と２部の交流

を積極的に押し進めようと考え，人事の交流にも心がけていた。また，一頃のように売上げの大幅な伸びを期待できない時期を迎え，全社的にコスト削減が求められるようになり，物流コストの削減もまた吉田部長に与えられた一つの課題であった。吉田部長は，1995年4月以降，1部と2部の仕事量のアンバランスを見直し，人事調整や応援体制づくりなどによって，残業やパートタイマーの使用をできるかぎり控えるよう各課長に指令を出していた。

2．鈴木直也とその職場

　鈴木直也は，1995年3月，群馬県の群馬商業高等学校を卒業後，ニシダに入社し，人事部による新入社員研修を1週間ほど受け，4月8日付けで物流1部に配属された。鈴木は，更に荷受1課を初め，物流1部の各課で2～3週間ずつの実務研修を受け，7月上旬に物流1部・商品管理1課所属となった。

　商品管理課の主要業務は，メーカーから荷受課を通って入ってきた製品を整理し，保管し，営業部門から回されてくる出庫伝票に基づき，正確に，遅滞なく，製品を出荷し，値札付けをはじめとする加工作業を業務とする加工課に回すことであった。各商品管理課は更に取扱いブランドごとに3～5つの係に分けられており，鈴木はパジャマやガウン等のナイトウェアを主体としたブランドを扱う商品2係配属となった。商品2係のメンバーは，山崎係長以下鈴木を含めて男性社員5人であったが，繁忙期にはパートタイマーを雇わなければならなかった。各係の長は，倉庫長と呼ばれていた。

　鈴木直也は，就職の面接時に「営業の仕事をしたい」と希望したが，営業部長から「優秀な営業マンになるためには，先ず物流部門の仕事に精通し，豊かな商品知識を持たなければならない」と言われたこともあり，先輩は勿論，倉庫に出入りする営業マンにも，自分のわからないこと，疑問に思うこと等を積極的に聞くようにしていた。

　倉庫長の山崎雄一は1951年山形県に生まれ，地元の工業高等学校を卒業後，

1970年ニシダに入社，栃木県にあったニシダの縫製工場に配属となった。彼は，最初，女子工員と一緒にミシンを踏み，縫製の仕事に従事していたが，1973年，工場の生産計画係になった。そこで，生地の入荷，糸，ミシン針，ボタン，ネームタグ等の原材料の管理や女子工員の仕事量や配置等の生産計画，生産管理の仕事をするようになった。しかし，1978年頃から，縫製作業については，地方の下請工場を使用し，自社工場は縮小するという会社の方針から，1983年に，山崎は本社の物流1部に異動となった。物流部門では，最初は配送1課勤務であったが，1985年以降商品管理1課・商品2係の担当となり，1991年に倉庫長となった。山崎は，身長180センチ，体重90キロという大きな体に似合わず，「神経は細い」と言われていた。

　商品2係に村山　真がいた。村山は1970年の群馬県生まれで，1989年群馬商業高等学校を卒業するとニシダに入社し，加工1課に配属されたが，1992年以降商品管理1課・商品2係勤務となっていた。鈴木が，ある時，「村山さんは，どうして営業に行かないのですか」と尋ねたことがあった。村山は，「3年前に『営業行き』の話があったんだけど，断ったんだ。2係の両先輩，中島さんも，小杉さんも，一度は営業に出たけれども，物流に帰ってきた人だ。2人の話を聞いても，営業の人達に聞いても，営業の仕事は，数字に追われ，人間関係も絡み合って想像以上に大変そうだし，俺は営業には向いていないと考えたのさ。それに，俺は，人に『あれこれ』と指示したり，自分の思うように人を動かしたりすることは，あまり好きじゃないんだ」と答えた。

3．鈴木と村山の話し合い

　鈴木は2係の一員として働きだして間もなく，倉庫長の仕事に関する考え方に疑問を感じるようになった。2係のメンバーは，倉庫長から月間の残業予定表を渡された。この予定表には，前年度の実績を初めとする各種のデータを基礎として，メーカーからの製品入荷スケジュールや営業からの出荷要

請を想定し，パートタイマーの数や残業時間の予定等が物流統括1課によって計算され，割当られていた。しかし，仕事量の正確な予測は不可能に近く，飛び込みの仕事が発生するのは当然のことであった。それにもかかわらず，倉庫長の山崎は，そのことを考慮して予定表を修正するようなことはしなかったから，仕事量に関係なく残業日や残業時間が設定されることが少なくなかった。

鈴木は，営業マンが，緊急の注文に応じるため飛び込みの大量出庫を倉庫に要請してきても，その日が残業日に指定されていなければ，出庫伝票の有無に関係なく，シャッターを閉め，鈴木が自主的に手伝いたいと申し出ても「駄目だ」と言われ，倉庫長以下全員が時間通り定時に帰ってしまうのは「理不尽」だと感じていた。

1996年6月上旬の一日，若い営業マンが，一生懸命に出庫要請をしているのに村山が断っているのを見て，鈴木は日頃の疑惑を問いただそうと思い，村山に話しかけた。

鈴木：先輩，どうして営業マンの頼みを無視するのですか。
村山：別に無視しているわけじゃないよ。俺は，倉庫長から残業を命令されていない。もし，彼の仕事を引き受ければ，今日は残業になりそうだったから断っただけだよ。あの営業マンは俺の上司じゃないだろう。
鈴木：でも，新入社員研修の時，人事の人から「営業と物流は一体であり，協力し合うことによって，業績が向上する」と教えられましたよ。もっと営業マンを手伝ってやってもいいんじゃないですか。
村山：だけど，残業を命じられていないのに，そんな勝手なことはできないよ。それに人事の言う難しい話は，上の人たちの問題で俺たちには関係ないよ。
鈴木：ですが，僕は，営業の人たちから，「物流は冷たい」とか「物流は自分勝手だ」とか「非協力的な奴らだ」とか，事あるごとに言われるのは嫌ですよ。

村山：そんなことは聞き流せばいいんだ。あいつらは，俺たちには文句を言うけれども，課長や部長には何も言えないんだ。人事の言う難しい話が，本当に必要な事ならば，営業部長から物流の部長にきちんとした要請があったっていい筈だろう。でも，そんなことがあったなんて話は聞いたことがないよ。営業は「物流は自分勝手だ」と言うけれど，あいつらはどうだい。俺たちがきちんと整理・整頓した倉庫に夜入ってきて，勝手に棚を引っ掻き回して商品を引き抜いて，そのままにしていくじゃないか。元の通りにしておいてくれとどれだけ頼んだか知れやしないが，聞きやしない。いつもめちゃめちゃのままだ。お前だって，このあいだ文句を言ってたじゃないか。お互い様じゃないの。

鈴木：それじゃ，このあいだの石田さんの緊急納品の問題はどうなんですか。彼は大卒ですが僕とは同期なんですよ。彼は，翌日の納品に間に合わせなければならないからと言って，終業間際に出庫を頼みに来ましたね。2係の2，3人が力を合わせてやってあげれば，それほど時間がかかるわけでもないのに，山崎さんは断ったでしょ。最終出庫の要請は3時までというルールがあるからと言って。石田さんにしてみれば，大切なお得意先からの要請だから必死になって頼んでいるのに，山崎さんは平然と床を掃いていましたよね。僕は床なんか掃いている時間があるくらいなら出庫してあげればいいのにと本当に思いましたよ。結局，石田さんは，朝一番で提出しなければならない会議資料の作成を終えてから，夜，倉庫に入り，1人で出庫作業をして，終ったら12時近かったと言っていましたよ。この間，石田さんの先輩が頼みに来た時には，ちゃんとやってやったりして，おかしいですよ。村山さんは，そうは思いませんか。

村山：そういうことだったら，俺もおかしいと思ったことがあって，以前，倉庫長に聞いてみたことがあるよ。

鈴木：倉庫長は何て言っていましたか。

村山：「どこの馬の骨かわからないし，どうなるかもわからない新人の面倒

なんかみてやれるか。昔から，倉庫では『2，3年は新人の様子を見ていろ』って言われているんだ。新人にちょっとでも甘い顔をしてみろ，それこそ，しょっちゅう緊急納品を持ち込んでくるぜ。奴等の手伝いをしてやって，俺たちに何の得があるか」って言われたよ。

鈴木：それで納得したんですか。

村山：おかしいとは思ったよ。

鈴木：おかしいと思ったら倉庫長に反対の意見を言わないんですか。

村山：なんで俺が反対する必要があるの。山崎さんは，仕事はベテランでよく知っているし，なんでも教えてくれるじゃないか。小杉先輩から聞いたんだけど，小杉さんの奥さんがお産で実家に帰っているということを知って，山崎さんは，家に帰っても1人じゃろくなものは食えないだろうといって，一度は家に呼んでご馳走してくれて，また1週間に3回も飲みに連れて行ってくれたそうだ。あんまり奢ってもらってばかりじゃ悪いと思って，小杉さんが勘定を払おうとしたら，「余計な心配はするな」と怒られて，最後には「お前の気持ちはわかった。だったら，もしお前と同じような後輩がいたら，その時には，その金でお前に出来ることをそいつにしてやれ」とボソッと言ったそうだ。俺には山崎さんの優しさがよくわかるよ。山崎さんは部長や課長からかなりいろいろ要求されているらしいけれど，俺たちには黙って，俺たちの立場を守ってくれているんだ。俺たちにとって，倉庫長は絶対に大切な人だ，お前にもそのうちわかるよ。倉庫長の言うことを聞いていれば，ここでは居心地がいいってことがね。

　鈴木は，それ以上，言い返す気持ちもなくなって，自分の仕事に戻った。鈴木の気持ちは相変わらず釈然とはしなかったけれども，6月下旬になり，彼にとって初めての上期決算のための棚卸しを迎えた。

4．鈴木と倉庫長との話し合い

　1996年6月27日，2係の棚卸し業務は，山崎の計画した段取りのよさと全員の頑張りによって順調に進み，午後4時前には明日の最終日を待たずに，殆ど終了していた。

山崎：おい直也，今日はもういいぞ。
鈴木：でも，倉庫長，未だ4時ですよ。定時まで未だ1時間半もありますよ。
山崎：お前，何言っているんだよ。これから片付けたり，掃除したりすりゃ，それぐらいの時間はすぐに経っちゃうじゃないか。
鈴木：だけど，今日念入りに掃除したって，どうせ明日また散らかってしまうんですから。・・・もう少し皆で頑張れば，今日中に全部終わるかもしれませんよ。そうすれば，忙しい2課の応援に行けるじゃないですか。
山崎：冗談もいい加減にしろよ。棚卸しがうまくいくように，いろいろと段取りを考えてやってきたから，ここまでできたんだぜ，2課の仕事が遅いのは彼らのやり方がまずいからだ。段取りさえ上手くやれば，そんなに遅くなるはずはない。なんで，俺たちが手伝いに行かなければならないんだ。
鈴木：でも，去年入社した僕の高校時代のクラブの先輩が2課にいるんですけど，ここんところ毎日9時過ぎまでの残業が続き，参っているって言ってましたよ。気の毒じゃありませんか。
山崎：そんなこと俺に関係ないね。そいつに文句があるなら，自分の倉庫長に言えばいいんだよ。
鈴木：しかしですね。このあいだの早朝ミーティングで，課長が言ってたじゃないですか。「仕事のアンバランスを見直して，効率化を進めるためにも，物流2部は大変だから，1部で手の空いた者は2部に手伝い

に行くように」という部長通達があったって。
山崎：何言ってんだよ。そんなこと初めてじゃないよ。部長がそんなことばかり言っているから，２部の連中は甘えるんだよ。俺たちの仲間がどれだけ２部を手伝ってるか知ってるのか。こっちだって予定や計画があらあな。それなのに，２部は忙しいからといって１人出せ，２人出せと言ってくる。おかげでこちとらはガタガタよ。・・・俺たちがみんな一生懸命に仕事を早く終らせて，やっと一息つけるかなと思った途端に，関係ない仕事を手伝わされたりするんじゃ，一生懸命やるだけ損するような気持ちになるよ。直也，お前もよく考えてみろ。俺たちに２部を手伝う余裕があるような様子を部長に見せてみろよ。それでなくても，最近は売上が伸びないから，コスト削減で物流が槍玉にあがっているんだぞ。部長だって，自分の成績を上げたいから，かなり気負っている。俺たちの何人かは，確実に２部に異動させられるぞ。それによ，この間，生産が狂って入荷が大幅に遅れて，短期間に緊急出荷しなければならないことがあったろう。あの時，２部の連中は誰一人手伝いに来なかったじゃないか。
鈴木：でも，あの時は急だったでしょう。それに２部はそれじゃなくても忙しいんですから。
山崎：直也，いい加減にしろよ。お前は１部の人間なのか，それとも２部の人間なのか。どっちなんだ。俺は２部への応援なんかまっぴらご免だ。そんなに手伝いに行きたきゃ，お前１人で勝手に行けばいいだろう。俺に指図するな。

　山崎は，そう言い切ると，鈴木の方を見向きもせず，床を掃き始めた。２人の話を聞いていた２係のメンバーも，鈴木に背を向けて，床を掃いたり，書類を片付けたりし始めた。鈴木は，皆の言いようのないよそよそしさを感じて，茫然と立ちすくんでいた。

(設問)
1．あなたは，ケースにおける鈴木直也の言動に対し，どのように感じましたか。
2．あなたが鈴木直也の立場にあれば，これからどうしようと考えますか。それは，何故ですか。
3．このケースの主要な問題は何ですか。何故，あなたはそれらが問題だと思うのですか。
4．あなたが物流部門の責任者（吉田和夫部長）の立場にあれば，このような事態を解決するために，何をしようと考えますか。それは何故ですか。
5．あなたが営業部門の責任者であれば，このような事態を解決するために，何をしようと考えますか。それは何故ですか。
6．あなたが人事部門の責任者であれば，このような事態を解決するために，何をしようと考えますか。それは何故ですか。
7．あなたは，このケースから組織および管理の問題として何を学びましたか。

ケース16
「体育会少林寺拳法部：クラブかゼミか」

1．少林寺拳法部の概要

　京葉大学体育会・少林寺拳法部は，部員減少によって一時活動を休止していたが，部活動の再開を熱望する学生たちの努力によって1985年に再び体育会の公認団体と認められ部活動を再開した。

　1992年度の部員数は，4，3，2年生各4名，1年生11名の合計23名であり，2年生と1年生に各2名の女子部員がいた。練習は，原則として月・水・金・土の週4日，午後4時から7時までであった。部長の山田正男助教授は，「体育会である以上，試合に勝たねばならない。そのためには厳しい練習が必要である。しかし，部活動も大学の教育活動の一部であるから，部活動を理由に講義やゼミナールを欠席してはならない。これは，わが少林寺拳法部の『憲法』である」と機会あるごとに語っていた。部活動の再開と同時に監督に就任した少林寺拳法市川道院院長の古川義男7段も，同部OBでコーチの石田鶴夫5段も，山田部長の考えに理解を示し，学生に対して勉学の支障となるような練習を強要することはなかった。

＊このケースは、吉田優治（千葉商科大学教授）が集団討議の基礎となるよう作成したものであり，組織や管理についての正しい（望ましい）処理とか誤った（望ましくない）処理の実例を示そうとしたものではない。このケースは関係者へのインタビューおよび関係資料に基づき作成されているが，教育的視点から一部脚色されている。ケースにおいて使用されている人名，会社名，地名，数値などはすべて仮装されている。このケースの著作権はジャパンケースバンク（JCB）によって所有されている。ケースをコピーして無断使用することは認められない。ケース使用にあたってはJCBの許可とこの注記を付すことが必要である。

2．2年生女子部員

　2年生女子部員の広田洋子と梅原幸子の二人は，大学入学後に少林寺拳法を始めたにもかかわらず，短期間のうちに上達し，二人で組んで出場した演舞は，1992年6月の全国学生少林寺拳法大会・女子級拳士の部で準優勝，同年10月に行われた全日本少林寺拳法大会・女子級拳士の部で優勝を果たした。このことは，大学学生新聞の一面に写真入りで大きく取り上げられ，二人はインタビューに対して，「なお一層の練習に励むつもりです。それと同時に大学生の本分である勉学についても一生懸命頑張りたい」語っていた。

　1992年11月，広田と梅原の二人は，山田部長が担当する山田ゼミナールへの選抜面接を受けた。面接において山田助教授から「君達は，ゼミとクラブのどちらを優先しますか」と尋ねられ，二人はそろって「部活動での先生の指導方針でもありますから，もちろんゼミ活動を優先します。少林寺拳法と同様，勉学も一生懸命頑張りたいと思いますので宜しくお願いします」と答えた。競争率は3倍であったが，二人は揃って合格した。

　京葉大学のゼミナールは，3，4年次生の必修科目であり，4年次には卒業論文の提出が義務付けられていた。1学年の定員は20名であり，定員を越える応募があった場合には，2年次の12月にゼミナール担当の教員が筆記試験や面接などによってゼミ生を選抜することになっていた。また，一度ゼミを決定すれば，卒業までゼミを変更することは出来ない規定になっていた。

3．ゼミと少林寺拳法部の春合宿

　山田ゼミナール幹事長の長谷川一郎は，1993年1月30日に行われた箱根小涌園での新年会の席上，毎年恒例のゼミ春合宿の日程を，山田助教授の予定，ゼミ学生が所属する体育会や各種サークルの春合宿の日程を検討した結果，1993年4月3日午後1時から2泊3日の予定で千葉県館山市にある同大学セ

ミナーハウスにおいて行うことを新ゼミ生を含むゼミ生全員に連絡した。また，合宿のテクストとしてドラッカーの『未来企業』が指定され，新ゼミ生全員が各章を分担し報告することも同時に伝えられた。

一方，少林寺拳法部の春合宿は，日本少林寺拳法連盟の指導に基づき，香川県多度津町にある連盟本部において1週間の本部合宿として行うことが義務づけられていた。同部は，ゼミに所属する新3・4年生の部員に配慮し，ゼミの春合宿が集中する3月下旬と4月上旬を避け，3月中旬までの本部合宿を連盟本部事務局に希望していた。しかし，1993年2月10日，連盟本部事務局から，同部の春合宿期間を3月27日午後1時から4月3日午後3時までに決定したとの文書が同部に届いた。文書には，3月上旬から中旬にかけて合宿を希望する団体が例年以上あるため，それ以外の日程への変更はできないとのコメントが付されていた。広田と梅原の二人は，少林寺拳法部の春合宿の最終日と，ゼミ合宿の初日が重なることを知り，どのようにすればよいか話しあった。二人は，ゼミナールの合宿に1日遅れの4月4日午前から参加するとの結論を出し，広田がゼミナール幹事長・長谷川一郎に電話をかけた。

4．ゼミナール幹事長への電話

広田は，事情を説明し，ゼミナールの合宿に1日遅れの4月4日午前から参加したいとの希望をゼミナール幹事長の長谷川に電話で伝えた。

長谷川：うちのゼミでは，どのような理由があれ，体育会の部員を特別扱いすることはしません。それが先生の教育方針なんです。そのことは，ゼミの選抜面接のときに先生から確認されたのではなかったですか。昨年，テニス部員の堀川君もゼミ春合宿と春のリーグ戦が重なりましたが，彼がレギュラー選手でなかったこともあったのでしょうが，先生はリーグ戦応援を許可しませんでした。君たちの事情も理解で

きますが，君たちだけを特別扱いすることはできません。先生に相談しても同じ答えでしょう。特に，先生が部長をしている少林寺拳法部の部員がそんなことをしたら，他のゼミ生に対して先生の顔が立たないではないですか。それに，幹事長の立場からすれば，君たちが遅れてくることが，うちのゼミの団結に悪い影響を与えないか心配です。うちのゼミは，どんな行事でも全員参加が決まりなんです。遅れてくる理由をもう少し詳しく話して貰えませんか。

広田　：私たちも，ゼミに入って最初の合宿ですし，初日から参加したいと考えています。しかし，少林寺拳法の本部合宿は年に1度の合宿であり，5月から幹部となって後輩達を指導しなければならない私たちにとって，本部の先生たちから直接に技や教えを受ける唯一の機会なんです。それに本部合宿の最終日は，それまで教わってきたことを総まとめする日であり，それに参加しないと合宿に参加した意味がないんです。去年の本部合宿の最終日は，涙が出るほど感激しました。ゼミ合宿初日の勉強会は，昼食後に始まるとのことですし，出来れば2日目の午前から参加したいと考えています。

長谷川：勉強会は昼食後からですけれども，合宿初日は例年夜中の2時，3時まで続くんです。これが新ゼミ生にとって最初の試練なんです。少林寺拳法の合宿最終日も重要かもしれないが，ゼミの合宿初日も重要なんです。君たちにとってゼミ活動はまだそれほど重要ではないのかもしれないけれど，活動の一つひとつが卒業論文を書くための大切なステップであることを考えてもらいたいと思います。

広田　：私たちも，そうした厳しさを求めて山田ゼミを希望したんです。ゼミを軽視するつもりは決してありません。

長谷川：電話で話していても結論は出ないように思われます。明日，君たちと大学で直接に会って話し合いたいと思います。

　長谷川は，広田と約束の時間と場所を決め，受話器を置いた。

(設問)
1. このケースの主要な問題点は何ですか。
2. あなたは，広田や梅原の意思決定をどのように思いますか。それは何故ですか。
3. あなたが，広田や梅原の立場にあれば，どのような意思決定をしますか。それは何故ですか。
4. あなたは，長谷川幹事長の話しをどのように考えますか。それは何故ですか。
5. あなたが，長谷川幹事長の立場にあれば，翌日大学で広田と梅原にどのような話しをしますか。それは何故ですか。
6. 山田ゼミナールはどのような組織風土や組織文化を持っていますか。それについてあなたはどのように考えますか。
7. 山田ゼミナールと企業組織を比較し，共通点と相異点を見つけて下さい。
8. このケースから組織や管理の問題としてどのようなことを学ぶことができますか。

ケース17
「房総少年サッカークラブ：監督交代」

1．チーム概要

　田中太郎は，1998年4月から2年間，家族を伴い英国ロンドンで海外駐在員生活を送った。一家はしばしばプロフットボールリーグの試合を観戦した。そうした経験を通じて長男の一郎（当時小学校3年生）と次男の二郎（当時小学校1年生）の二人は，帰国後の2000年5月，地元の「房総少年サッカークラブ」に入団した。

　「房総少年サッカークラブ」は，1974年に団地自治会が団地に住む小学生たちを中心に結成した少年サッカーチームであり，これまでメンバーの父親や地域のサッカー好きの人たちが監督やコーチとして指導し，同クラブの運営全体をまとめてきた。2000年5月の時点でメンバーは36名であり，12チームが参加する地元少年サッカーリーグでの成績は，ここ数年間，春季大会，秋季大会とも2位もしくは3位であり，もう一歩のところで優勝を逃していた。練習は毎週土・日曜日の午前9時から午後4時まで，夏休みなどの長期休暇には平日練習も行われ，練習時間が長いことで知られていた。監督の青木正夫（53歳）は，天皇杯全日本サッカー選手権大会出場の経験があり，全国社会人サッカーリーグ1部の常連であった東洋製造株式会社のサッカー部で活躍した人物であった。青木は，長年勤務した福岡工場から千葉営業所へ

＊このケースは，吉田優治（千葉商科大学教授）が集団討議の基礎となるよう作成したものであり，組織や管理についての正しい（望ましい）処理とか誤った（望ましくない）処理の実例を示そうとしたものではない。このケースは関係者へのインタビューおよび関係資料に基づき作成されているが，教育的視点から一部脚色されている。ケースにおいて使用されている人名，会社名，地名，数値などはすべて仮装されている。このケースの著作権はジャパンケースバンク（JCB）によって所有されている。ケースをコピーして無断使用することは認められない。ケース使用にあたってはJCBの許可とこの注記を付すことが必要である。

転勤になった1999年4月，息子（当時・小学校4年生）を「房総少年サッカークラブ」に入団させていた。

2．2000年の監督選挙：新監督の選出

　2000年2月に行われた同チーム規約に基づく毎年恒例の監督選挙において，あまりにも勝つことを優先して厳しく指導する当時の大杉祐一監督とコーチ2名に対する父母たちの不満が噴出し，青木はそうした父母に担ぎ出される形で監督候補に推薦され，当時の監督との間で行われた投票の結果，圧倒的多数で新監督に選ばれた。こうした投票による監督選挙は「房総少年サッカークラブ」結成以降初めてのことであった。これまで監督・コーチは，父母のなかでサッカー経験者が務めてきたが，子供が卒業してもそのまま監督・コーチとして残る場合もあった。大杉監督と2名のコーチの場合も，すでに子供たちは数年前に同クラブを卒業していた。

　毎年の監督選挙は，初代監督が父母からの信任を得た状況のなかで子供たちを指導したいとの申し出により行われるようになった。そうした経緯からこれまでの監督選挙は，父母が監督に対する信任を表明する形式的なセレモニーとして実施されてきた。選挙後，選挙に敗れた大杉前監督は父母たちを前に「勝つことを通じて子供たちを育成しようとしてきましたが，皆さんにご支持いただけなかったことは残念です。最後にこれまで子供たちに厳しい言葉を投げかけたこと，ここでお詫びします」と語った。また監督交代と共に2名のコーチも辞任した。一方，新たに監督に選ばれた青木は，「これまで父親としてチームを外側から応援してきましたが今回，図らずも監督を仰せつかりました。皆さんからご意見をいただきながら監督として頑張っていきたいと思います。どうぞ宜しくお願いします」と語った。

　青木監督は，父親たちが少年時代に草サッカーを経験した程度であったので，2000年7月，所属していた社会人サッカー部の10歳年上の先輩でグランド近くに住む加藤勝治（60歳）にコーチとしてチームを指導してくれるよう

に懇願し，承諾された。青木は加藤に「大先輩に対して申し訳ありませんが，サッカーを知っている者がいなくて困っています。来年は私の代わりに監督になっていただいてもいいのですが」と語っていた。

青木が監督として指導するようになってからも，田中一郎や二郎をはじめとする3年生以下のメンバーは，レギュラーメンバーとは別メニューの基礎練習をすることがほとんどであり，高学年生を中心としたレギュラー練習に加わることはほとんどなかった。彼らは試合のときにも，リーグ規約で認められたベンチ入り人数を超えてしまうとの理由からグラウンドに入ることが許されず，いつもグランドの外から応援していた。父親の田中太郎は，時間が許せば他の父親たちと同様にグランド整備，練習の手伝い，ボール拾いに参加した。田中太郎は低学年の子供を持つ父親から，「朝から夕方まで長時間練習しているのだから，低学年の子供たちにもう少し実践的な練習の機会を与えてもいいのではないのか」，「もう2年にもなるのに，息子はこれまで一度も試合に出してもらったことがありません。息子は辞めたいと言って泣いています」，「練習時間が長すぎませんか。これでは家で勉強することも，家族旅行することもできません」などという不満の声をしばしば聞かされた。田中太郎は，そうした意見に同意しつつも最後には「監督やコーチだってボランティアでやってくれているのですから，私には批判することなんてできません。スポーツは基本が大事ですから，今のうちに基礎固めをしておくことも必要ではないでしょうか」などと答えていた。

3．2002年の監督選挙：前監督の再登場

青木が監督として2年間指導した後の2002年2月下旬，毎年恒例の監督選挙が行われた。監督選挙の数日前から田中太郎の自宅には何人かの父母から「この2年間，リーグ戦の成績は12チーム中，7，8位と低迷しています。前監督の指導の方がよかったのではないか」とか「青木監督には2年間お世話になりましたが，春季も秋季もリーグ戦では他にも選手がいるにもかかわ

らず，レギュラーを固定して戦い続け，それ以外の選手にチャンスを与えなかった。子供たちの中にも監督の指揮に不満を持つ者も多い」，「監督はサッカー職人というタイプで，大人のサッカーを要求する。子供たちにもっと丁寧な指導をしてほしい」，「チームとしての規律がない。監督はそのことについて何も指導できていないので今回監督は交代させるべきだ」，「2年前に辞めさせられた大杉前監督の方がよかった。彼も反省しているので，彼にもう一度チャンスを与えてもいいのではないか」といった電話があった。田中太郎は「練習時間が長すぎること，子供たちが失敗した際に罵声を浴びせかけられること，練習の後，一部のコーチたちがタバコを吸いながら子供たちを指導している姿には疑問を感じています。しかし，監督選挙についてはよくわかりません」とあいまいな答えを繰り返した。田中太郎は，どう行動してよいのか判断できず，仕事を理由に監督選挙を欠席した。

　監督選挙には青木監督が立候補したほか，この2年間チームを離れていた前監督の大杉氏を推薦する父母がいたため，投票による選挙が行われた。その結果，青木監督に代わり大杉前監督が僅差で選ばれた。選挙が行われた夜，田中太郎が4年生を息子に持つ父親に電話で選挙結果を尋ねると，「青木監督が監督としてどうのこうのというより，前監督や一緒に辞めさせられたコーチ2名の意地ですよ。彼らと一部の親たちはいまでも飲み仲間なんです。今回はその親たちが動いたようです。少年サッカーにおいて大人のメンツや意地の張り合いがあるなんて思ってもいなかったですよ。田中さんは来なくて正解だったかもしれませんね」と解説してくれた。

3．選挙後の練習日

　監督選挙の翌週に行われた練習では，青木監督と加藤コーチの任期が同年3月末まであと一か月ほどあるにもかかわらず，大杉前監督と前コーチがグランドに現れ，グランドを整備する彼らを無視して子供たちへの指導を始めた。青木監督と加藤コーチは，抗議することなく，しばらく様子を眺めてい

たが，その後グラウンドから黙って出て行ってしまった。一部の親たちは二人を追いかけたが，青木監督は「なんてひどい人たちなんだ。急に出てきて。これでは子供たちが戸惑うばかりじゃないですか。子供たちの前で彼らと喧嘩するなんてことをしたくありませんから今日は黙って帰ります」と語り，加藤コーチも「われわれが何を悪いことをしたというんだ。私は頼まれて，一生懸命に指導してきただけです。社会人サッカーでそれなりの実績があるわれわれにとって，サッカーの素人からこんな扱いを受けるなんて屈辱そのものだ。サッカーについての考え方が異なるからといって，こんなやり方をする人たちが子供にサッカーを教えるなんて」と言い残し，荷物をまとめて帰ってしまった。

　この日，しばらくぶりに練習の手伝いのためにグラウンドに来ていた田中太郎は，ほかの父親たちとどうしていいかわからず，ただ顔を見合わせるばかりであった。

（設問）
1．このケースにおける，主要なマネジメントの問題は何ですか。
2．房総少年サッカークラブにとって監督選挙はどのような意味を持っていると思いますか。
3．なぜ大杉氏たちはこうした行動をしたのか，その要因は何であったと考えますか。また彼らの行動をどのように思いますか。
4．あなたが青木監督あるいは加藤コーチの立場にあれば，こうした状況においてどうしますか。
5．あなたが田中太郎の立場にあれば，どうしますか。
6．このケース（討論）から，マネジメントについて何を学び得ることができましたか。

■著者(ケースライター)紹介

吉田　優治（よしだ　ゆうじ）　千葉商科大学サービス創造学部学部長・教授

全国ビジネス系大学教育会議会長，アメリカ経営学会・経営教育部会日本担当理事，日本経営教育学会元常任理事・国際委員会元委員長，全国四系列（経営学・商学・会計学・経営情報科学）教育会議元理事，ケースメソッド研究会幹事，ボストン日本人研究者交流会初代代表，フロリダ大学（1996～97），ハーバード大学経営大学院ベーカー図書館歴史部門（2000～01）にて経営教育を研究。

- 主な著書　『組織と管理：ケースとリーディングス』（共著）文眞堂，1987年／『マネジメント：ケースに学ぶ(新版)』（共著）文眞堂，1991年／『ケースメソッドに学ぶ経営の基礎』（共著）白桃書房，1993年／『創造するマネジャー：ケースメソッド学習法』（共編）白桃書房，1997年／『戦略的組織学習のための創造的マネジメント教育（国府台経済研究第14巻第2号）』（編著），千葉商科大学経済研究所，2003年／『経営管理の新潮流』（共著）学文社，2004年／『経営学史叢書Ⅱファヨール：ファヨール理論とその継承者たち』（共著）文眞堂，2011年
- 主な訳書　A.P. カーネベル，H. ゴールドスタイン『アメリカ組織人教育』（坂井正廣と共訳）白桃書房，1989年／R.G. グリーウッド『現代経営の精髄：GE に学ぶ』（共訳）文眞堂，1992年／W.J. ダンカン『マネジャーにおくるグレイト・アイディア』（共監訳）白桃書房，1994年／ポウリン・グラハム編『M.P. フォレット　管理の予言者』（共訳）文眞堂，1999年など
- アワード　アメリカ経営学会経営教育部会より国際交流貢献アワード（2002・2003・2004・2005・2006・2007年度），韓国経営教育学会学術賞 2009年，日本ビジネス学会功労賞 2012年
- e-mail　yosidayu@aol.com

中村　秋生（なかむら　しゅうせい）　千葉商科大学サービス創造学部教授

ケースメソッド研究会幹事

- 主な著書　『マネジメント：ケースに学ぶ(新版)』（共著）文眞堂，1991年／『ケースメソッドに学ぶ経営の基礎』（共著）白桃書房，1993年／『創造するマネジャー：ケースメソッド学習法』（共著）白桃書房，1997年／『組織における知識と技能の形成（国府台経済研究第10巻1号）』（共著），千葉商科大学経済研究所，1999年／『経営学パラダイムの探求：人間協働　この未知なるものへの挑戦』（共著）文眞堂，2001年／『経営教育研究10：経営教育の新機軸』（共著）学文社，2007年／『経営学史叢書Ⅱファヨール：ファヨール理論とその継承者たち』（共著）文眞堂，2011年
- 主な訳書　W.J. ダンカン『マネジャーにおくるグレイト・アイディア』（共訳）白桃書房，1994年／ポウリン・グラハム編『M.P. フォレット　管理の預言者』（共訳）文眞堂，1999年
- e-mail　nakamura@kyoei.ac.jp

ジャパンケースバンク　マネジメントケース集　第1巻
■ 管理する　　　　　　　　　　　　　　　　　　　　　　　　〈検印省略〉

■ 発行日——2004年12月26日　初版第1刷発行
　　　　　　2016年11月16日　初版第4刷発行
■ 著　者——吉田優治・中村　秋生
■ 発行者——大矢栄一郎
■ 発行所——株式会社　白桃書房
　　　　　　〒101-0021　東京都千代田区外神田5-1-15
　　　　　　℡03-3836-4781　℻03-3836-9370　振替00100-4-20192
　　　　　　http://www.hakutou.co.jp/

■ 印刷・製本——大日本印刷株式会社

Ⓒ Yuji Yoshida & Syusei Nakamura 2004　Printed in Japan　ISBN978-4-561-25418-8　C3034
落丁本・乱丁本はおとりかえいたします。

坂井正廣・村本芳郎　編著
ケース・メソッドに学ぶ
経営の基礎

ケース・メソッドによる新しい経営学のテキスト。ケースを分析し討議することで生きた経営学を学ばせる。設問や分析例など使いやすく工夫されていて，学校や企業内研修の教材に最適。経営学教育担当者にも推奨。

ISBN4-561-24217-1　C3034　A5判　320頁　本体3,500円

坂井正廣・吉田優治　監修　ケース・メソッド研究会　著
創造するマネジャー
ケース・メソッド学習法

ケース・メソッドは討論を通じ問題を解決していく学習システムである。本書は著者が開発した最新のケースと使用頻度が高いものを選び収録。「創造するマネジャー」育成のための生きた経営学のテキストとして最適な書。

ISBN4-561-24279-1　C3034　A5判　248頁　本体2,900円

（表示価格に別途消費税がかかります）
東京 白桃書房 神田